RECRUTEMENT DE L'ARMÉE

ALLOCATIONS

POUR

SOUTIENS INDISPENSABLES DE FAMILLE

Volume mis à jour au 22 janvier 1923.

CHARLES-LAVAUZELLE & Cie
Éditeurs militaires
PARIS, Boulevard Saint-Germain, 124
LIMOGES et NANCY, Rue Stanislas, 53

N° 68³.

RÉCRUTEMENT DE L'ARMÉE

ALLOCATIONS

POUR

SOUTIENS INDISPENSABLES DE FAMILLE

Volume mis à jour au 22 janvier 1923.

CHARLES-LAVAUZELLE & Cie
Éditeurs militaires
PARIS, Boulevard Saint-Germain, 124
LIMOGES, 62, Avenue Baudin | 53, Rue Stanislas, NANCY

RECRUTEMENT DE L'ARMÉE

ALLOCATIONS

POUR

SOUTIENS INDISPENSABLES DE FAMILLE

Instruction réglant le mode d'attribution des allocations journalières accordées aux familles des militaires désignés comme soutiens indispensables de famille (1).

Paris, le 16 janvier 1911.

PREMIÈRE PARTIE.

Armée active.

Désignation des soutiens indispensables de famille.

Art. 1er. Aux termes de l'article 22 de la loi du 21 mars 1905, le conseil départemental désigne annuellement les soutiens in-

(1) Application des articles 22 et 41 de la loi du 21 mars 1905 sur le recrutement de l'armée, modifiée par les lois des 14 avril 1908 et 7 août 1913, et de l'article 102 de la loi de finances du 8 avril 1910.

dispensables de famille qui ouvrent à leur famille le droit à l'allocation journalière de 75 centimes.

Cette désignation est faite dans la proportion suivante :

1° Avant la mise en route, jusqu'à concurrence de 10 p. 100 sur le contingent (1) à incorporer qui comprend :

a) Les jeunes gens de la classe appelée, inscrits sur les deux premières parties de la liste du recrutement (bons pour le service armé ; bons pour le service auxiliaire) ;

b) Les ajournés des classes précédentes reconnus bons pour le service armé ou le service auxiliaire ;

c) Les jeunes gens des classes précédentes qui avaient obtenu un sursis d'incorporation (art. 20 ou 21 de la loi du 21 mars 1905) et dont le sursis n'a pas été renouvelé ;

2° Après l'incorporation, jusqu'à concurrence de 2 p. 100 sur le même contingent.

Les allocations accordées aux familles des soldats mariés seront majorées de 0 fr. 25 par jour et par enfant légitime ou reconnu (2).

Les familles des engagés volontaires ne sont pas admises au bénéfice de l'article 22 de la loi du 21 mars 1905 (arrêt du Conseil d'Etat en date du 5 mars 1909; affaire Michel) (3).

Formalités à remplir pour l'obtention de l'allocation journalière.

Art. 2. Dès la publication des tableaux de recensement, les familles qui ont à présenter un candidat au titre de soutien indispensable de famille adressent au maire de la commune de leur domicile (pour Paris au maire de l'arrondissement) une demande accompagnée :

---

(1) Le maximum du nombre des allocations accordées aux familles des jeunes soldats, fixé à 8 p. 100 du contingent par le paragraphe 1er de l'article 22 de la loi du 21 mars 1905, est élevé à 10 p. 100 (art. 102 de la loi de finances du 8 avril 1910).

(2) Article 102 de la loi de finances du 8 avril 1910.

(3) Les hommes du contingent mis à la disposition du Ministre de la marine pour servir dans les équipages de la flotte, par application du paragraphe 3 de l'article 36 de la loi du 21 mars 1905, sont traités, au point de vue du droit à l'allocation de soutien de famille, comme s'ils étaient incorporés dans l'armée de terre. Les dépenses occasionnées par le payement des allocations les concernant sont supportées par le budget de la guerre et liquidées dans les formes prévues à l'article 19 ci-après.

1° D'un relevé des contributions payées par la famille et certifié par le percepteur (1);

2° D'un état (modèle A) certifié par le maire de la commune et indiquant le nombre et la position des membres de la famille vivant sous le même toit ou séparément, les revenus et ressources de chacun d'eux.

Sur la demande, le pétitionnaire devra déclarer que ni lui ni la famille ne sont imposés, ni ne possèdent de ressources dans une commune autre que celles pour lesquelles est produit le relevé des contributions (2).

Les familles des jeunes gens visés dans les alinéas *b*) et *c*) de l'article précédent pourront aussi présenter des demandes pour l'obtention de l'allocation journalière ; celles qui auraient précédemment présenté un candidat au titre de soutien de famille devront renouveler leur demande. Ces demandes, appuyées des justifications requises, seront adressées au maire de la commune, à l'époque fixée au premier alinéa du présent article.

Le maire délivre aux familles un récépissé des pièces produites et soumet les demandes au conseil municipal.

Il dresse une liste des demandes formées dans sa commune et les envoie au préfet accompagnées de l'avis motivé du conseil municipal.

Les demandes et dossiers complets doivent parvenir au préfet quinze jours au moins avant la date fixée pour la réunion du conseil départemental.

Le préfet peut, lorsqu'il le juge utile, faire procéder par la gendarmerie à une enquête sur la situation de la famille.

La même procédure est suivie pour les demandes adressées par les familles après l'incorporation (3).

---

(1) Un décret, en date du 16 avril 1910, exempte de la rétribution de 0 fr. 25 les extraits de rôle ou certificats *négatifs* que les percepteurs sont appelés à délivrer, pour être produits à l'appui des demandes d'allocation, aux militaires soutiens de famille que, etc... » (circulaire du Ministre des finances en date du 26 mai 1910).

(2) Il est utile de rappeler que toute fausse déclaration peut entraîner l'application des peines prévues par le Code pénal

(3) Les demandes concernant les militaires incorporés doivent être accompagnées de l'état signalétique et des services de l'intéressé, délivré par le chef de corps ou de service à la requête du pétitionnaire ou du préfet.

Composition du conseil départemental.

Art. 3. Le conseil départemental, siégeant au chef-lieu du département, est composé :

1° Du préfet, président, ou, à son défaut, du secrétaire général ou du vice-président du conseil de préfecture ;

2° Du trésorier-payeur général ;

3° Du directeur des contributions directes ;

4° De trois membres du conseil général, pris dans des arrondissements différents, et d'un conseiller d'arrondissement désignés par la commission départementale.

Réunion du conseil départemental.

Art. 4. Pour l'examen des demandes faites en conformité des dispositions de l'article 2, le conseil départemental procède, pour chaque classe, ainsi qu'il suit :

a) *Avant l'incorporation.* — Le conseil départemental se réunit du 24 août au 4 septembre pour statuer, dans la proportion de 10 p. 100 du contingent qui sera incorporé le mois suivant, sur les demandes faites en vue de l'obtention de l'allocation journalière.

La décision prise par le conseil fait l'objet d'un procès-verbal d'admissions (modèle B) sur lequel les bénéficiaires des allocations journalières sont inscrits par ordre alphabétique, dans chaque commune. Les désignations sont faites sur l'ensemble du département, mais sur le procès-verbal le classement des communes dans chaque canton, des cantons dans chaque arrondissement et des arrondissements dans le département doit être fait par ordre alphabétique. Les titulaires des allocations reçoivent des numéros d'ordre dont la série doit être ininterrompue pour chaque contingent.

Lorsque le 10 p. 100 du contingent n'a pas été atteint, lors de la session du conseil départemental précédant l'incorporation, les allocations demandées *antérieurement à l'incorporation* et non attribuées lors de la réunion précédant l'incorporation peuvent être accordées à titre de désignations supplémentaires, dans l'une des sessions subséquentes, à condition de ne jamais dépasser la proportion de 10 p. 100. (Avis du Conseil d'Etat du 18 février 1908.)

b) *Après l'incorporation.* — Les demandes faites par les familles des militaires qui, pendant leur présence sous les drapeaux, justifient de leur qualité de soutiens indispensables de famille sont soumises, aux dates indiquées au tableau ci-après, au conseil départemental qui statue dans la proportion maximum suivante :

PROPORTION MAXIMUM DU NOMBRE des soutiens de famille.		DATE DES RÉUNIONS du CONSEIL DÉPARTEMENTAL.	OBSERVATIONS.
2 p. 100 du contingent incorporé à répartir, savoir....	1 p. 100.	Du 1er au 10 mars.	La répartition du nombre de soutiens de famille à admettre à chaque réunion est faite par le conseil départemental.
	1 p. 100.	Du 24 août au 4 septembre..........	
		Du 1er au 10 mars...	

NOTA. — Si la date à partir de laquelle les allocations sont dues n'est pas fixée par le conseil départemental, cette date sera le 1er janvier pour les demandes faites l'année précédente, et le premier jour du mois qui suit la demande pour celles faites pendant l'année en cours.

Outre ces réunions, le préfet pourra, le cas échéant, convoquer le conseil départemental pour statuer sur des situations dignes d'intérêt, en ayant soin, toutefois, de ne pas dépasser, pour l'ensemble des soutiens de famille, le maximum de 2 p. 100.

Ces convocations supplémentaires ne pourront être faites qu'après la réunion de mars, pour le premier 1 p. 100 et celle d'août-septembre pour le deuxième 1 p. 100 et si les proportions indiquées au tableau ci-dessus n'ont pas été atteintes.

Les décisions du conseil départemental font l'objet, après chaque réunion, d'un procès-verbal (modèle B) établi comme il est indiqué ci-dessus.

Le conseil statue, en même temps, lorsqu'il y a lieu, sur les radiations à opérer par suite des changements (art. 9) qui auraient pu survenir dans la situation de fortune des familles qui perçoivent l'indemnité journalière (procès-verbal modèle C).

Il n'y a pas lieu d'admettre de désignations nouvelles en vue d'allocations imputables sur le 10 p. 100 prévu au paragraphe 1er de l'article 22 de la loi du 21 mars 1905, au cas où une partie des allocations primitives deviendrait sans emploi par l'effet de radiations prononcées pour une cause quelconque. (Avis du Conseil d'Etat du 18 février 1908.)

Toutefois, si des radiations définitives sont prononcées *avant* l'incorporation, il pourra être fait des désignations nouvelles (1).

Il est rappelé expressément que le conseil départemental doit statuer lui-même sur chacun des dossiers qui lui sont soumis et qu'il ne peut déléguer à des commissions ou sous-commissions prises dans son sein, le soin d'examiner et de coter les demandes dont il est saisi (2).

Notification des décisions du conseil départemental aux autorités intéressées.

Art. 5. Le préfet adresse immédiatement (3) après chaque réunion du conseil départemental une copie des procès-verbaux (modèles B et C) (4) au sous-intendant militaire désigné par le directeur de l'intendance du corps d'armée pour centraliser les opérations d'ordonnancement dans chaque département.

En outre, il transmet, directement, et cinq jours au plus tard après la séance (3), à chaque commandant de bureau de recrutement intéressé, un extrait des procès-verbaux dont il s'agit, pour les cantons compris dans son ressort.

Un compte rendu numérique (modèle D) est adressé au Ministre (Direction de l'Infanterie, Bureau du Recrutement).

Dès la réception des copies des procès-verbaux, le sous-intendant établit, pour l'ensemble du département, un état (modèle E) des ayants droit à l'indemnité journalière et l'adresse au trésorier-payeur général en même temps qu'un nombre suffisant de formules en blanc (modèle F) permettant à ce dernier d'établir des extraits destinés aux receveurs des finances et aux percepteurs intéressés.

Les radiations sont notifiées au trésorier-payeur général d'après les règles tracées à l'article 10 ci-après.

Tenue d'un registre-contrôle.

Art. 6. A l'aide de la copie des procès-verbaux des opérations du conseil départemental, le sous-intendant militaire tient

(1) Les nouveaux bénéficiaires prennent sur la liste générale prévue au 2e alinéa du § *a* de l'article 4 les numéros d'ordre qui avaient primitivement été attribués aux soutiens de famille rayés avant l'incorporation. (Circulaire du 16 janvier 1911, *Bulletin officiel*, page 1777.)

(2) Alinéa ajouté. (Circulaire du 15 septembre 1912, *Bulletin officiel*, page 1777.)

(3 Circulaire du 15 septembre 1912.

(4) La copie du procès-verbal (modèle B) est adressée par le préfet au sous-intendant militaire en deux exemplaires dont l'un doit être joint au premier mandat de remboursement et l'autre conservé par l'ordonnateur.

un registre-contrôle (modèle G) des bénéficiaires des allocations journalières.

Toutes les mutations qui peuvent se produire y sont successivement portées ainsi que la mention des payements effectués mensuellement.

En outre, chaque commandant de recrutement a soin de mentionner la situation de soutien de famille sur le registre matricule, ainsi que sur le livret matricule des intéressés (1).

En ce qui concerne les jeunes gens désignés comme soutiens de famille après incorporation, ces mentions doivent être portées sur le livret matricule et sur le livret individuel par les soins du chef de corps (1).

Etablissement de livrets de payement.

Art. 7. Il est délivré par le préfet du département aux bénéficiaires de l'allocation journalière un livret (modèle H) comportant vingt-quatre quittances, qui constituent des titres de payement correspondant à chacune des échéances mensuelles comprises dans le temps passé sous les drapeaux par les soutiens de famille. La date à partir de laquelle l'allocation a été concédée doit être inscrite par le préfet dans le corps du certificat administratif inséré à la deuxième page du livret (Voir le modèle H annexé à la présente instruction).

Le livret est visé préalablement par le sous-intendant militaire.

Pour les soutiens de famille désignés après l'incorporation de la classe, le sous-intendant, avant d'apposer son visa, annule d'une façon très apparente, sur le livret, toutes les quittances afférentes aux mois écoulés et pour lesquels il n'y a pas lieu de payer l'allocation (2).

Chaque livret porte le numéro sous lequel le bénéficiaire est inscrit sur le procès-verbal des opérations du conseil départemental ; il contient :

1° Un certificat administratif délivré par le préfet indiquant le nom de la famille bénéficiaire de l'allocation, ainsi que celui

---

(1) La mention « Soutien de famille » doit être inscrite par le commandant de recrutement ou par le chef de corps, suivant le cas, sur le livret matricule, à la page 2, dans la colonne « Services — Positions diverses », et sur le livret individuel, à la page 1, après les mots : « Jeune soldat..., de la classe de..., de la subdivision d..., du canton d... ».

(2) Il est expressément recommandé aux sous-intendants militaires de contrôler d'une manière attentive, avant de viser les livrets, la date à partir de laquelle l'allocation est concédée et d'annuler les quittances afférentes aux mois pour lesquels il n'y a pas lieu de payer l'allocation, l'inobservation de ces prescriptions pouvant exposer les comptables du Trésor à payer indûment l'allocation.

de la personne ayant qualité pour percevoir le montant des allocations.

Cette personne est, en principe, le père ou la mère ou le tuteur des frères et sœurs mineurs. A défaut de ceux-ci, ou s'ils ne paraissent pas aptes à percevoir l'allocation journalière, le conseil départemental désignerait, en même temps que le bénéficiaire de ladite allocation, la personne chargée d'en percevoir le montant.

Lorsque la personne qui doit recevoir l'allocation vient à décéder, le conseil départemental désigne un nouveau titulaire qui pourra toucher les arriérés échus depuis le décès du précédent titulaire.

Le conseil départemental peut aussi désigner à toute époque, et selon les circonstances, un autre titulaire de l'allocation ;

2° Au verso du certificat administratif, des formules de mutation à remplir en cas de changement dans la désignation de la personne qui doit recevoir l'allocation ;

3° Des formules de procuration à donner par les ayants droit dans le cas où ils seraient dans l'impossibilité habituelle de se déplacer pour toucher le montant des allocations.

La première et la dernière mensualités étant subordonnées à la date de l'appel et du départ de la classe, les décomptes y afférents doivent être portés sur les quittances par les soins des comptables chargés du payement, qui tiennent compte de la date d'ouverture du droit à l'allocation et de celle du départ de la classe.

A cet effet, dès la répartition du contingent, les commandants des bureaux de recrutement adressent aux préfets des états nominatifs indiquant avec précision la date à laquelle les jeunes soldats désignés comme soutiens de famille doivent avoir rejoint leur corps d'affectation, date qui est inscrite sur leur ordre d'appel. A l'aide de ces renseignements, les préfets portent sur le certificat administratif inséré à la 2e page du livret de payement (modèle H), la date d'ouverture du droit à l'allocation, qui est celle de l'appel à l'activité des intéressés.

Quant au décompte de la dernière mensualité, il est déterminé par la date du départ de la classe, date qui est indiquée par la circulaire annuelle du renvoi de la classe, laquelle est publiée au *Journal officiel* et adressée, à toutes fins utiles, au Ministre des finances.

Exceptionnellement, en ce qui concerne les hommes maintenus au corps après la date fixée pour le départ de la classe, en raison d'une cause autre que celle visée à l'article 39 de la loi du 21 mars 1905, il appartient aux chefs de corps d'adresser d'urgence des avis individuels, indiquant la date exacte de départ des soutiens de famille, aux sous-intendants militaires chargés de tenir le registre-contrôle (modèle G); ces fonctionnaires doivent faire parvenir sans délai lesdits avis aux comptables du Trésor intéressés, en vue du décompte de la dernière mensualité (1).

Le commandant de recrutement signale particulièrement les hommes susceptibles, en raison de leurs services antérieurs, d'être renvoyés dans leurs foyers en dehors des périodes normales de libération (tels que : jeunes soldats appelés, reconnus bons par le conseil de revision, après avoir été réformés n° 2 comme engagés volontaires, réformés temporaires rappelés sur leur demande avant l'expiration de leur congé normal de réforme temporaire, etc.). Le sous-intendant militaire annule, en conséquence, sur le livret modèle H, les quittances afférentes aux mois pour lesquels il n'y a pas lieu de payer l'allocation,

En cas de changement dans la désignation de la personne ayant qualité normalement pour recevoir les allocations, le livret est adressé par le maire au préfet. Celui-ci remplit la formule de mutation et communique le livret pour visa au sous-intendant militaire.

Ce dernier informe immédiatement de la mutation opérée le trésorier-payeur général qui modifie en conséquence l'état nominatif modèle E (colonne 4).

Notification aux maires des familles titulaires de l'allocation journalière. Envoi des livrets de payement et remise de ces livrets aux intéressés.

Art. 8. Le préfet adresse aux maires un état nominatif (modèle I) des familles auxquelles le conseil départemental a attribué l'allocation journalière de 75 centimes.

Il joint à cet envoi les livrets de payement correspondants, récapitulés dans un bordereau (modèle I[1]).

La remise des livrets est opérée entre les mains des personnes ayant légalement qualité pour quittancer les reçus mensuels ; celles-ci apposent leur signature sur le livret, en présence du maire qui la légalise.

Le bordereau, revêtu de l'accusé de réception du maire et de l'émargement des intéressés, est ensuite renvoyé à la préfecture dans un délai de quinze jours avec les livrets qui n'auraient pas été remis.

Le maire a soin d'indiquer sur le bordereau le nombre des

---

(1) Il n'est dû aucune allocation pour le temps passé par le soutien de famille à l'hôpital après sa radiation des contrôles de l'activité.

livrets renvoyés ainsi que les motifs qui se sont opposés à leur remise.

Le préfet fait connaître au sous-intendant militaire les livrets qui n'ont pas été retirés par les parties ; le sous-intendant militaire avise le trésorier général, et le payement des allocations reste suspendu jusqu'à la remise des livrets, qui est notifiée par le préfet au sous-intendant militaire, et par celui-ci au trésorier-payeur général.

Si un livret vient à être perdu, la déclaration doit en être faite par le représentant de la famille au maire de la commune ; il est établi un certificat de perte (modèle J), qui est adressé à la préfecture par le maire en vue de la délivrance d'un nouveau livret. Ce certificat doit porter une mention signée par le comptable à la caisse duquel l'allocation est assignée payable, faisant connaître la période à laquelle s'applique le dernier payement effectué.

Aucun payement ne sera plus opéré sur la présentation du *primata*.

Le préfet délivre, s'il y a lieu, un nouveau livret portant sur la couverture, et en caractères très apparents, le mot *duplicata* ; il le communique pour visa au sous-intendant militaire en même temps que le certificat de perte.

Le sous-intendant annule les quittances correspondant aux mensualités payées antérieurement. Il informe le trésorier-payeur général de la délivrance du nouveau livret.

Le préfet fait remettre le duplicata à l'intéressé suivant la marche ordinaire.

Dans le cas où un duplicata de livret viendrait à être perdu, le payement des allocations ne pourrait avoir lieu qu'au moyen de mandats individuels.

Toutes les fois que les ayants droit ont laissé passer *trois mois* sans percevoir l'allocation, les comptables signalent le fait aux préfets, qui, après enquête sur les causes de ce retard, proposent, le cas échéant, au conseil départemental, le retrait d'une allocation dont le besoin urgent semble ne pas se faire sentir.

Majoration des allocations journalières.

Art. 8 *bis*. La majoration de 0 fr. 25 par jour et par enfant légitime ou reconnu des soldats mariés doit être allouée aux ayants droit à dater du 8 avril 1910.

Le payement de cette majoration a lieu trimestriellement, les 1er janvier, 1er avril, 1er juillet et 1er octobre, et est effectué par les comptables chargés de payer les allocations journalières de 0 fr. 75, sur la présentation d'un certificat conforme au modèle H1 ci-annexé.

Ce certificat tenant lieu à la fois de certificat de vie et de quittance, est préparé par le maire, sur la demande des intéressés. Le maire l'adresse pour visa au préfet, qui le transmet au sous-intendant militaire. Ce fonctionnaire y inscrit le décompte de la somme à payer et le renvoie directement au maire intéressé, qui le fait parvenir d'urgence au titulaire de l'allocation, en l'invitant à se présenter à la caisse du comptable désigné.

Le sous-intendant fait parvenir au trésorier-payeur général un relevé journalier des certificats (modèle H^1) qu'il a renvoyés aux maires et il y mentionne le décompte des sommes à payer. Le trésorier-payeur général adresse des extraits de ce relevé aux receveurs des finances et percepteurs chargés du payement.

Le sous-intendant militaire mentionne sur le contrôle modèle G, dans la colonne « Majorations », le nombre d'enfants pour lesquels les certificats modèle H^1 lui sont transmis. Il constate le payement des majorations par l'apposition de la lettre p, *à l'encre rouge*, dans les cases correspondantes.

La liquidation des dépenses occasionnées par le payement de la majoration de 0 fr. 25 sera faite dans les conditions prévues à l'article 19 ci-après.

Les intéressés doivent se présenter à la mairie de leur résidence pour y faire établir le certificat modèle H^1, destiné à permettre le payement des majorations d'allocations auxquelles ils ont droit. Ce certificat devra être établi les 15 décembre, 15 mars, 15 juin et 15 septembre de chaque année, de façon à ce que le montant puisse en être perçu le premier jour du mois suivant. La majoration mentionnée par le certificat reste acquise au bénéficiaire, alors même que l'enfant viendrait à décéder après l'établissement de cette pièce.

Le certificat modèle H^1 est délivré aux préfets, sur leur demande, dans les mêmes conditions que les autres imprimés concernant les soutiens de famille,

Changements survenus dans la situation des familles bénéficiaires d'allocations journalières.

Art. 9. Le maire de chaque commune est tenu d'informer le préfet des changements survenus dans la situation des familles auxquelles l'allocation journalière a été attribuée. Il fait connaître en même temps l'avis du conseil municipal sur la suppression ou le maintien de ladite allocation.

Les décisions du conseil départemental sont rendues en séance publique (procès-verbal modèle C) (loi du 21 mars 1905, article 22).

Une copie dudit procès-verbal est adressée au sous-intendant militaire ordonnateur ainsi qu'au commandant du bureau de recrutement intéressé.

Radiations de soutiens de famille.

Art. 10. a) *Radiation d'office par suite de décès ou de réforme définitive ou temporaire.* — Chaque commandant de recrutement raye d'office de la liste des soutiens de famille ceux qui sont décédés, réformés définitivement ou exclus de l'armée par suite de condamnation; il raye de même provisoirement ceux qui sont réformés temporairement pour maladie ou infirmité non imputable au service, ceux qui ont été condamnés sans sursis à une peine d'emprisonnement en vertu d'un jugement et ceux qui ont été déclarés déserteurs ou insoumis (1).

Il rend compte immédiatement de ces radiations au préfet, au trésorier-payeur général et au sous-intendant militaire intéressés, à l'aide d'un bulletin de mutation (modèle K).

Le trésorier-payeur général en accuse réception au sous-intendant militaire après avoir reçu lui-même avis de la part de ses subordonnés de la notification qu'il leur a faite à cet égard, à l'aide du modèle L (2).

Les soutiens de famille qui sont réformés temporairement sont rétablis sur la liste des soutiens de famille lorsqu'ils sont réincorporés dans le service armé ou dans le service auxiliaire.

Ceux qui ont été condamnés à une peine d'emprisonnement en vertu d'un jugement sont rétablis sur la liste des soutiens de famille à l'expiration de leur peine.

Ceux qui ont été déclarés déserteurs ou insoumis sont rétablis sur la liste des soutiens de famille, à dater du jour où ils ont rejoint leur corps, s'ils ont été l'objet d'un acquittement, d'un refus d'informer ou d'une ordonnance de non-lieu. Si, au contraire, ils ont été condamnés par les tribunaux militaires,

---

(1) Au sujet des payements à faire aux ayants droits, voir les trois derniers alinéas de l'article 20 ci-après.

(2) En ce qui concerne le remplacement des soutiens de famille définitivement rayés avant incorporation, le préfet en avise immédiatement le sous-intendant militaire et renvoie, pour annulation, à ce fonctionnaire, les livrets de payement primitifs après les avoir réclamés aux détenteurs.

La délivrance des livrets établis au nom des nouveaux titulaires, faite dans les conditions prescrites par l'article 7, n'a lieu qu'après l'annulation des livrets primitifs.

Avis des nouvelles désignations est également donné par le préfet au commandant du bureau de recrutement et par le sous-intendant militaire au trésorier-payeur général. (Circulaire du 15 septembre 1912.)

les déserteurs et les insoumis ne sont rétablis sur la liste des soutiens de famille qu'à l'expiration de leur peine.

b) *Radiation par suite de changements survenus dans la situation des familles bénéficiaires d'une allocation journalière.* — A l'aide de la copie du procès-verbal (modèle C) des opérations du conseil départemental qui lui est adressée par le préfet conformément aux prescriptions de l'article 9, le sous-intendant militaire notifie les radiations opérées par suite de changement de situation de fortune au trésorier-payeur général dans la même forme et de la même manière que les radiations d'office.

c) *Avis des radiations aux maires par les préfets.* — En cas de suppression de l'allocation, soit par suite de radiations définitives ou temporaires, soit en vertu d'une décision du conseil départemental, le préfet avise le maire au moyen d'un bulletin de mutation (modèle K).

Dès la réception de ce bulletin, le maire se fait remettre immédiatement par les titulaires les livrets de payement et les adresse à la préfecture, qui les fait parvenir au sous-intendant militaire.

d) *Cessation du droit à l'allocation journalière.* — Le payement de l'allocation, au moyen du livret modèle H, est suspendu à dater du jour où l'avis de radiation est parvenu au comptable (trésorier-payeur général, receveur des finances ou percepteur) sur la caisse duquel l'allocation est assignée payable.

Les sommes pouvant être acquises aux titulaires de livrets pour la période antérieure feront l'objet de mandats individuels décomptés jusqu'au jour inclus de la mutation ; ces mandats seront justifiés par une copie de l'avis de radiation (modèle L) complétée par l'indication des motifs des radiations, des dates auxquelles les comptables du Trésor chargés des payements en ont reçu notification et, en ce qui concerne les radiations par suite de changement de position, la date de la décision du conseil départemental ; à ces mandats individuels sont également annexés les livrets retirés définitivement des mains des parties prenantes.

Un compte rendu numérique des radiations (modèle D) est adressé au Ministre (Direction de l'Infanterie ; Bureau du Recrutement).

En outre, il est établi semestriellement (1), par les sous-intendants militaires ordonnateurs, un état nominatif (modèle D^1) des soutiens de famille dont la radiation a été prononcée.

---

(1) Circulaire du 1er novembre 1912 (*Bulletin officiel*, page 1756).

Ces états sont adressés au directeur de l'intendance du corps d'armée qui les fait parvenir au Ministre, sous le même timbre que ci-dessus, le 15 du mois qui suit le trimestre écoulé.

Soutien de famille n'ayant pas rejoint son corps pour cause de maladie. Réformés temporaires.

Art. 11. Le temps passé en sursis pour cause de maladie comptant pour la durée légale du service militaire, le droit à l'allocation commence du jour de l'appel de la classe.

Le temps passé en réforme temporaire pour maladie ou infirmité imputable au service comptant de même pour la durée légale du service militaire, le droit à l'allocation continue pendant cette réforme. Ce droit est, au contraire, suspendu pour les réformés temporaires dont la maladie ou infirmité n'est pas imputable au service ; il s'ouvre de nouveau lorsque l'homme est rappelé sous les drapeaux.

Soutien de famille n'ayant pas rejoint son corps pour une cause autre que la maladie.

Art. 12. En ce qui concerne les jeunes soldats désignés comme soutiens indispensables de famille, qui n'ont pas rejoint leur corps à la date normale pour une cause autre que la maladie (sursis pour affaires de famille, jeune soldat dans les délais d'arrivée prévus par l'article 83 de la loi du 21 mars 1905, etc.), l'allocation n'est due à la famille que du jour où l'intéressé a réellement rejoint les drapeaux.

Le sous-intendant militaire, prévenu par le commandant du bureau de recrutement, réclamera le livret de payement au maire et le conservera jusqu'après l'établissement du mandat individuel qu'il devra établir (art. 7) pour la fraction du premier mois pendant lequel l'homme sera arrivé au corps. Il renverra alors ce livret au maire, après avoir annulé toutes les quittances jusques et y compris celle correspondant au mois d'arrivée de l'homme au corps. Il aura préalablement demandé au chef de corps de l'informer de la date d'arrivée.

Cas où le titulaire de l'allocation réside dans un département autre que celui où a été recensé le militaire soutien de famille.

Art. 13. Lorsque le titulaire d'une allocation journalière est domicilié dans un département autre que celui où a été inscrit le jeune soldat désigné comme soutien indispensable de famille, le livret est envoyé au titulaire par l'entremise de la mairie de son domicile.

L'intéressé n'a qu'à remplir le bulletin modèle M (voir l'article 15) pour que l'indemnité soit payée à la caisse qu'il désigne.

Ouverture des crédits de délégation. — Dépenses engagées.

Art. 14. Les demandes de fonds et la délégation des crédits sont faites conformément aux prescriptions du règlement du 3 avril 1869 sur la comptabilité des dépenses du Département de la guerre.

Les demandes de fonds adressées au Ministre, le 1er janvier, le 1er avril et le 1er octobre font connaître, non seulement les crédits présumés nécessaires pour assurer le mandatement, mais aussi le montant des dépenses engagées à chacune de ces dates. Ces renseignements sont extraits du registre-contrôle (modèle G) et sont fournis au directeur de l'intendance par les sous-intendants militaires ordonnateurs de l'allocation journalière.

Payement des allocations.

Art. 15. Le lieu d'assignation de payement des allocations fixé à l'origine ne peut être changé pour quelque motif que ce soit.

Par suite, les payements ne pourront être effectués que par les comptables désignés primitivement ou pour leur compte.

Tout titulaire qui désirerait toucher l'allocation journalière à une autre caisse devra en faire la demande et établir un bulletin (modèle M). Ce bulletin sera remis au payeur à la caisse duquel les allocations sont inscrites, et adressé par ce dernier, en suivant la voie hiérarchique, à son collègue chargé dorénavant du payement.

Les indemnités dues, pour chaque mois écoulé, sont payables à présentation à partir du premier jour du mois suivant, savoir :

A la caisse des receveurs-percepteurs de Paris et à la caisse des percepteurs de la banlieue pour les allocations inscrites dans la Seine.

Dans les autres départements, soit à la caisse du trésorier-payeur général, soit pour son compte et sans visa, à celle des receveurs des finances et des percepteurs désignés à cet effet.

Chaque reçu doit être détaché du livret par le payeur lui-même ; il est complété, avant payement, par l'indication du département, le numéro du livret et le nom du bénéficiaire. Il est signé et daté par qui de droit en présence du payeur.

Sauf l'exception prévue au 11e alinéa de l'article 7 pour la première et la dernière mensualité, toute fraction mensuelle d'indemnité journalière n'est payée que sur mandat individuel du sous-intendant militaire ; ce fonctionnaire annule les quittances correspondantes du livret.

Les allocations ont le caractère de secours alimentaire et sont, par suite, insaisissables, sauf pour aliments (art. 581 du Code de procédure civile).

Les payements faits restent, en principe, acquis aux intéressés; toutefois, si certains payements paraissent avoir été obtenus frauduleusement, les directeurs de l'intendance soumettraient le cas au Ministre de la guerre.

En cas de décès du titulaire, les arrérages échus jusqu'au jour du décès inclus font l'objet d'un mandat établi par le sous-intendant au nom des héritiers. Ces arrérages sont alors soumis, en ce qui concerne la saisie, aux règles du droit commun.

A l'expiration de la seconde dizaine de chaque mois, les receveurs particuliers des finances établissent, par exercice, et distinctement par classe, un bordereau nominatif (modèle N), suivant l'ordre des livrets par classe, de toutes les quittances d'allocations qui ont été payées par eux ou versées par les percepteurs depuis le 20 du mois précédent.

Ces bordereaux, accompagnés des quittances, sont envoyés, avec les pièces de dépenses de la seconde dizaine, à la trésorerie générale qui établit, de son côté, un bordereau analogue comprenant les allocations payées pendant *tout le mois*, tant par elle que par les percepteurs de l'arrondissement chef-lieu.

La trésorerie générale, après s'être assurée de la régularité des payements, en récapitule les résultats sur un bordereau (modèle O) établi en double expédition.

Pour les quittances afférentes aux exercices clos, il est établi par le trésorier-payeur général des bordereaux distincts, également en double expédition.

Les bordereaux, accompagnés des pièces justificatives à l'appui, sont adressés le 15 de chaque mois au plus tard au sous-intendant militaire ; l'une des expéditions est renvoyée au trésorier-payeur général revêtue de l'accusé de réception du sous-intendant.

Les quittances du livret individuel modèle H, afférentes à une année, ne sont payables que jusqu'au 30 avril de l'année suivante. Après cette date, les allocations font l'objet de mandats individuels qui doivent être appuyés des livrets correspondants. Le livret sera conservé par son titulaire, s'il existe encore des quittances à percevoir à l'aide de cette pièce (1).

Lors du payement de la dernière quittance à souche, le livret devra être retiré des mains de la partie prenante et annexé à la quittance.

---

(1) Texte nouveau. (Circulaire du 16 juin 1913, *Bulletin officiel*, page 999.)

Demandes de soutiens indispensables de famille faites par les familles domiciliées à l'étranger et payement des allocations.

Art. 16. Les demandes faites par les familles domiciliées à l'étranger pour faire désigner, comme soutien indispensable, un de leurs membres résidant à l'étranger et appelé sous les drapeaux, sont remises aux agents diplomatiques ou consulaires du lieu de la résidence de la famille.

Ces agents adressent aux préfets des départements où les jeunes gens ont été recensés les demandes accompagnées de l'état modèle A établi par lesdits agents qui y ont consigné au préalable tous les renseignements susceptibles de mettre les conseils départementaux à même de statuer en toute connaissance de cause.

Les livrets délivrés aux familles bénéficiaires de l'allocation journalière sont adressés, par le préfet, au Ministre de la guerre (Direction du Contrôle; Bureau des Fonds et Ordonnances) qui les envoie, par l'intermédiaire du Ministre des affaires étrangères, aux agents diplomatiques ou consulaires chargés de les remettre aux familles intéressées.

Le payement de l'allocation journalière et celui des majorations d'allocation sont effectués, le premier sur la présentation du livret de payement (modèle H) et le second sur la présentation du certificat (modèle H^1) par les soins de ces mêmes agents (1).

Ce payement a lieu au moyen de *traites blanches* tirées par les agents diplomatiques ou consulaires sur le Trésor public pour le compte du Département de la guerre (1).

Vérification du sous-intendant militaire et émission du mandat de remboursement.

Art. 17. Le sous-intendant militaire procède à la vérification des bordereaux de payement et des reçus qu'il rapproche du registre-contrôle (modèle G) sur lequel il mentionne le payement en regard du nom de l'intéressé, dans la colonne afférente au mois auquel il se rapporte.

Le sous-intendant militaire émet ensuite un mandat spécial de remboursement au nom du trésorier-payeur général. Ce mandat est appuyé des bordereaux de payement et des quittances justificatives et des livrets de payement lorsqu'il y a lieu.

Il est, en outre, annexé à l'appui du premier mandat de remboursement, l'une des copies du procès-verbal (modèle B) adressé par le préfet. De même la copie des procès-verbaux d'admis-

(1) Texte nouveau. (Circulaire du 15 septembre 1912.)

sion parvenus ultérieurement à la sous-intendance militaire, doit être jointe aux premiers mandats de remboursement à intervenir.

Le payement des quittances afférentes à des exercices antérieurs est régularisé au titre des exercices clos.

Payement et régularisation des dépenses relatives aux allocations journalières attribuées aux familles des jeunes gens affectés aux troupes coloniales.

Art. 18. Les crédits de la 1re section (troupes métropolitaines) supportent provisoirement les dépenses relatives aux allocations journalières attribuées aux familles des jeunes gens incorporés dans les troupes coloniales.

Afin de permettre à l'administration centrale de réimputer à la 2e section du budget les avances ainsi faites, il est procédé comme il est indiqué ci-après :

a) *Avant l'incorporation* : Lorsque l'affectation des jeunes gens de la classe est terminée, le commandant du bureau de recrutement indique par les lettres T. C., dans la première colonne de l'extrait du procès-verbal du conseil départemental qui lui est adressé par le préfet (art. 5), les jeunes gens affectés aux corps de troupes de l'armée coloniale. Il communique ensuite ce document au fonctionnaire de l'intendance militaire ordonnateur des allocations journalières, qui, après avoir porté la même mention sur son registre-contrôle (art. 6), le renvoie au commandant de recrutement.

b) *Après l'incorporation* : A l'aide des renseignements qui figurent sur le modèle A (renvoi 2), la mention T. C. est apposée par les soins du préfet sur l'extrait du procès-verbal destiné au sous-intendant militaire ordonnateur qui complète son registre-contrôle dans le même sens.

En fin d'exercice, le sous-intendant militaire produit à l'appui de l'état de liquidation, visé à l'article 19 et par classe, un état nominatif des militaires des troupes coloniales soutiens de famille, indiquant le montant des allocations journalières attribuées à leurs familles pendant l'année écoulée.

Ces états sont extraits des rapports de liquidation par la 1re Direction (Bureau du Recrutement) qui les adresse à la 8e Direction (Troupes coloniales) chargée d'en rembourser le montant à la 1re section du budget.

Liquidation des dépenses.

Art. 19. La liquidation des dépenses est faite annuellement.

Il est ouvert par le sous-intendant militaire, dès le commencement de l'année, un état de liquidation (modèle P) sur lequel est inscrit par classe le montant des bordereaux des mandats payés pendant chaque mois et, en fin d'exercice, le montant des quittances payées mais non régularisées, ainsi que les allocations non acquittées au 30 avril de la deuxième année de l'exercice.

Il est annexé à l'état de liquidation un état nominatif en double expédition des allocations non payées.

Les résultats des états de liquidation sont centralisés sur des rapports de liquidation (modèle Q), conformément à l'instruction sur la liquidation des dépenses.

Les dépenses résultant des allocations journalières accordées aux familles des militaires : 1° de l'armée active; 2° de la réserve et de l'armée territoriale, doivent être comprises sur les mêmes états et rapport de liquidation.

Elles y sont inscrites : par classe pour l'armée active, séparément pour la réserve et l'armée territoriale. Elles sont totalisées ensuite par nature : 1° armée active; 2° réserve et territoriale, puis groupées en un seul total dans la colonne « Montant total des dépenses ou droits constatés » (modèles nos 501 et 502 de la nomenclature).

Ces états et rapport doivent être adressés à l'administration centrale (Infanterie; Recrutement) le 20 mai de la 2e année de l'exercice auquel ces dépenses se rapportent.

Les états nominatifs des allocations non acquittées à la date du 30 avril sont établis, s'il y a lieu, séparément : deux pour l'armée active, deux pour la réserve et la territoriale; il en est de même pour les relevés des allocations payées aux familles des militaires appartenant aux troupes coloniales.

En outre, il n'est fourni qu'un seul bordereau (n° 177 de la nomenclature) pour les dépenses d'allocations concernant l'armée active et les réserves.

Les dépenses, ainsi que les prévisions de crédits, sont également comprises, pour chacune de ces catégories, sur une même situation des dépenses permanentes et sur une même demande de fonds.

Fourniture des imprimés par l'administration de la guerre.

Art. 20. Les imprimés nécessaires à l'exécution du service seront fournis par l'administration de la guerre (Service intérieur; Bureau du Matériel de l'Administration centrale).

Les imprimés de procès-verbaux d'enquête de la gendarmerie, conformes au modèle U, sont fournis aux brigades de gendarmerie par les préfets, auxquels ils sont adressés par l'administration centrale de la guerre, comme les autres imprimés prévus à l'alinéa précédent.

Afin d'éviter toute confusion entre les allocations concernant les différentes classes sous les drapeaux, les quittances à détacher des livrets seront établies, pour la classe 1905, sur papier blanc. Pour la classe 1906, elles seront barrées d'une raie rouge ; pour celle de 1907, d'une raie bleue. Pour les classes suivantes, ces distinctions seront alternativement les mêmes.

Pour les ajournés reconnus bons pour le service armé ou pour le service auxiliaire, ainsi que pour les jeunes gens des classes précédentes en sursis d'incorporation (art. 20 ou 21 de la loi) et dont le sursis n'a pas été renouvelé, admis au bénéfice de l'article 22 de la loi du 21 mars 1905, il devra être fait usage du modèle de livret afférent à la classe avec laquelle ces jeunes gens ont été effectivement incorporés.

Par analogie, lorsqu'un réformé temporaire sera rétabli sur la liste des soutiens de famille, par suite de son rappel sous les drapeaux, il devra être remis à l'ayant droit un nouveau livret du modèle afférent à la classe avec laquelle ce jeune homme aura été rappelé, livret sur lequel seront annulées les quittances correspondant à la période pendant laquelle l'allocation journalière ne sera pas due.

En ce qui concerne les militaires rayés provisoirement de la liste des soutiens de famille, en raison d'une condamnation à une peine d'emprisonnement ou en raison de désertion ou d'insoumission et rétablis sur cette liste conformément aux prescriptions de l'article 10 de la présente instruction, le préfet doit remettre à l'ayant droit un nouveau livret du même modèle que celui qui lui avait été retiré lors de la radiation provisoire du soutien de famille, en ayant soin, toutefois, de faire annuler les quittances correspondant à la période pendant laquelle l'allocation journalière a été suspendue. Comme ces hommes sont maintenus au corps après le départ de leur classe pour compléter deux années de service et que le livret de payement ne comporte de quittances que jusqu'au renvoi de la classe, les allocations dues pour les mois qui suivront seront payées par mandat individuel.

DEUXIÈME PARTIE.

Réserve et armée territoriale.

Allocation journalière.

Art. 21. Aux termes de l'article 1er de la loi du 14 avril 1908, modifiant l'article 41 de la loi du 21 mars 1905, les familles des hommes de la réserve et de l'armée territoriale de l'armée de terre qui, au moment de leur convocation, remplissent effectivement les devoirs de soutien de famille peuvent recevoir, pendant la durée de la période, une allocation journalière de 0 fr. 75, qui est majorée de 0 fr. 25 pour chaque enfant de moins de 16 ans à la charge de l'homme convoqué (1).

Désignation des soutiens de famille.

Art. 22. De même que ceux de l'armée active, les soutiens indispensables de famille réservistes ou territoriaux sont désignés par le conseil départemental dont la composition est déterminée par l'article 22 de la loi du 21 mars 1905 précitée.

Cette désignation est faite jusqu'à concurrence de 12 p. 100 du nombre total des hommes qui devront être appelés dans l'année pour une période d'instruction.

Mais on ne comprendra pas dans ce nombre :

1° Les hommes qui peuvent légalement obtenir une dispense (sapeurs-pompiers, hommes du service auxiliaire, résidents hors d'Europe) ;

2° Les hommes du service de garde des voies de communication, qui ne sont convoqués, en effet, pour leurs exercices spéciaux, que pendant deux ou trois jours ;

3° Les canonniers sédentaires de Lille;

---

(1) Les allocations peuvent être accordées à des réservistes ou territoriaux dont les parents sont décédés et qui restent les seuls soutiens de leurs frères et sœurs orphelins; elles peuvent l'être également à des réservistes ou territoriaux célibataires, soutiens de leurs parents infirmes ou de leurs frères et sœurs.

Il convient de majorer l'allocation de 0 fr. 25 par jour pour chacun des enfants de moins de 16 ans qui se trouvent réellement à la charge des réservistes ou territoriaux soutiens de famille, même si ces derniers ne sont pas les pères des enfants dont il s'agit.

4° Les hommes de la réserve de l'armée territoriale qui ne sont convoqués que pour une revue d'appel (dérangement de vingt-quatre heures au plus).

Renseignements annuels sur les effectifs à convoquer.

Art. 23. Les généraux commandant les corps d'armée donnent en temps utile les instructions nécessaires aux commandants de recrutement pour que ceux-ci adressent aux préfets, le 15 novembre de chaque année, un tableau présentant, distinctement pour les réservistes et les territoriaux en domicile ou en résidence (1) dans le département, l'effectif des différentes classes à convoquer au cours de l'année suivante.

Hommes en résidence hors de la subdivision de leur domicile.

Art. 24. Dès qu'ils ont reçu les instructions mentionnées à l'article précédent, les commandants de recrutement adressent à leurs collègues des chefs-lieux de département le relevé numérique des réservistes et des territoriaux à convoquer l'année suivante, en résidence dans leurs départements respectifs. Les commandants de recrutement des chefs-lieux ajoutent ces nombres à ceux obtenus pour leur subdivision pour former le tableau qu'ils adressent aux préfets le 15 novembre.

Formalités à remplir pour obtenir l'allocation journalière.

Art. 25. Dans le courant du mois de novembre de chaque année, les commandants de recrutement adressent à tous les réservistes et territoriaux à convoquer l'année suivante une carte postale-avis (modèle S ou S^1) pour les prévenir qu'ils devront accomplir une période d'instruction ladite année suivante, et les inviter à remettre les demandes d'allocations aux maires avant le 15 décembre.

La carte modèle S est adressée (2) :

1° A tous les hommes des réserves affectés à des corps dans lesquels n'ont lieu ni appels échelonnés, ni appels par séries;

2° Aux hommes des réserves indiqués ci-après, affectés à des corps dans lesquels ont lieu des appels échelonnés ou par séries :

Réservistes et territoriaux membres de l'enseignement public;

---

(1) Il ne sera pas tenu compte des changements de domicile ou de résidence qui n'auraient pas été déclarés (art. 45 de la loi du 21 mars 1905).

(2) Texte nouveau. (Circulaire du 14 juin 1911.)

Réservistes occupant l'un des emplois dont la mention est précédée d'un astérisque dans le tableau B annexé à l'instruction relative aux hommes de troupe de la disponibilité et des réserves;

Réservistes et territoriaux en résidence régulière dans les pays limitrophes énumérés au chapitre XIV de ladite instruction (1).

La carte modèle S[1] est adressée aux hommes des réserves affectés à des corps dans lesquels ont lieu des appels échelonnés ou par séries, sauf à ceux de ces hommes qui appartiennent aux catégories indiquées dans les 2ᵉ, 3ᵉ et 4ᵉ alinéas du paragraphe numéroté 2° du présent article.

Les commandants de recrutement adressent des cartes-postales-avis (mod. S ou S[1]) supplémentaires aux hommes des réserves susceptibles d'être convoqués dans l'année et qui n'ont pu être prévenus à l'époque normale (novembre) par suite de leur changement d'affectation (2).

Les cartes-postales-avis sont adressées à ces hommes le 15 janvier au plus tard. D'autre part, les demandes d'allocations doivent être remises par les intéressés au maire de leur résidence avant le 5 février et les dossiers complets doivent parvenir au préfet le 15 du même mois au plus tard (2).

Les dates ci-dessus des 5 et 15 février sont inscrites à la main par les commandants de recrutement sur les cartes-postales-avis au lieu de celles des 15 et 31 décembre (2).

Dès qu'ils ont reçu la carte postale-avis, les réservistes et territoriaux qui, se trouvant dans les conditions requises, désirent procurer à leur famille le bénéfice de l'allocation journalière, adressent au maire de la commune de leur résidence (pour Paris au maire de l'arrondissement) une demande qui doit être accompagnée des pièces indiquées à l'article 2 concernant les soutiens de famille de l'armée active, et, en outre, de la carte postale-avis, sur laquelle le candidat à l'allocation journalière doit mentionner le nom de la personne désignée par lui pour percevoir le montant de ladite allocation; cette demande est instruite et transmise par le maire au préfet, dans les conditions spécifiées à l'article 2, sans avoir été soumise au conseil municipal (3).

---

(1) Avant d'être envoyée à ces hommes, la carte postale-avis doit recevoir les modifications prévues audit chapitre XIV.

(2) Alinéas ajoutés. (Circulaire du 15 septembre 1912.)

(3) L'avis du conseil municipal continue, au contraire, d'être exigé pour les demandes concernant les soutiens de famille de l'armée active (art. 22 de la loi).

Les demandes et dossiers complets doivent parvenir au préfet, le 31 décembre de l'année qui précède la convocation, sauf le cas où la situation de soutien de famille ne se serait produite qu'après cette date.

Réunions du conseil départemental.

Art. 26. Pour l'examen des demandes faites en conformité de l'article précédent, le préfet convoque le conseil départemental dans les premiers jours de janvier et toutes les fois qu'il le juge utile.

En ce qui concerne les demandes prévues aux trois derniers alinéas de l'article 25 ci-dessus, elles sont examinées dans une séance tenue du 1er au 10 mars, conformément au tableau inséré à l'article 4, § B (1).

Dans sa première réunion, le conseil statue sur ces demandes dans la limite de 12 p. 100 des hommes résidant dans le département et devant être convoqués au cours de l'année ; il réserve cependant le nombre d'allocations qui lui paraît nécessaire tant en vue de pouvoir donner satisfaction aux demandes dignes d'intérêt qui pourraient se produire ultérieurement, que pour tenir compte, le cas échéant, des modifications qui seraient apportées dans les tableaux de convocation. Dans cet ordre d'idées, le conseil départemental établit une liste supplémentaire destinée à permettre de remplacer les hommes de la liste des 12 p. 100 rayés de ladite liste avant la convocation.

En aucun cas, le nombre total des désignations faites pendant l'année ne devra dépasser la proportion de 12 p. 100 du total des réservistes et des territoriaux convoqués (2).

La notification des décisions du conseil départemental aux autorités intéressées (3) est faite conformément à l'article 5 ci-dessus, sous la réserve des dispositions ci-après particulières à la remise au bénéficiaire de l'allocation journalière, du certificat de soutien indispensable de famille tenant lieu du livret (modèle H) en usage pour l'armée active.

Le commandant du bureau de recrutement adresse, en outre, à chaque chef de corps devant recevoir des réservistes et des

---

(1) Alinéa ajouté. (Circulaire du 15 septembre 1912.)

(2) L'effectif auquel s'applique le 12 p. 100 est déterminé par département pour l'ensemble des classes appelées (réservistes et territoriaux réunis) par le nombre des inscrits augmenté de celui des résidents venus d'autres départements et diminué par contre, des inscrits en résidence dans d'autres départements (art. 23 et 24 ci-dessus).

(3) Le commandant du bureau de recrutement auquel doit être faite la notification de la décision du conseil départemental est celui qui a établi la carte postale-avis destinée à l'homme des réserves intéressé.

territoriaux, un extrait des procès-verbaux (modèle B) portant les noms des soutiens de famille appartenant à leur corps. Cet extrait doit être envoyé *sans aucun retard* (1).

Tenue d'un registre-contrôle.

Art. 27. Le sous-intendant militaire tient, pour les bénéficiaires de l'allocation journalière, un registre-contrôle semblable à celui qui est prescrit à l'article 6 de la présente instruction.

Délivrance des certificats de soutien indispensable de famille. Remise de ces certificats aux intéressés.

Art. 28. Le préfet délivre aux bénéficiaires de l'allocation journalière un certificat conforme au modèle R. Ce certificat, visé par le sous-intendant militaire, porte décompte de l'allocation et quittance du bénéficiaire.

L'envoi aux maires des certificats de soutien indispensable de famille, ainsi que de la liste des bénéficiaires, a lieu dans les mêmes conditions que pour l'armée active (art. 8).

Dès la réception de ces certificats, le maire avise chacun des titulaires de l'allocation résidant dans sa commune et lui fait signer la procuration figurant sur le certificat établi à son nom ; il l'informe, en outre, qu'il remettra ce titre à la personne que désigne le soutien de famille dès que le chef de corps lui aura fait parvenir le bulletin d'arrivée (modèle T).

Les certificats concernant les soutiens de famille qui n'ont pas accompli leur période d'instruction dans le courant de l'année sont renvoyés aux préfets par les maires qui font connaître les motifs pour lesquels ces certificats n'ont pas été utilisés.

En cas de perte du certificat de payement modèle R, il est procédé comme il est indiqué à l'article 8 pour livret de payement modèle H.

Etablissement et envoi des bulletins d'arrivée.

Art. 29. Dès qu'il a reçu du commandant du bureau de recrutement l'extrait du procès-verbal de la séance du conseil départemental donnant le nom des soutiens de famille, le chef de corps (le chef de corps actif correspondant, pour les régiments territoriaux) fait établir pour chacun d'eux un bulletin d'arrivée (modèle T) ainsi que les enveloppes pour envoyer ces bulletins aux maires des communes où résident les bénéficiaires des allocations. Il adresse, le cas échéant, à chaque chef de détache-

---

(1) Circulaire du 15 septembre 1912.

ment les bulletins et enveloppes concernant les hommes des réserves qui doivent accomplir leur période dans les détachements (1).

Les bulletins (modèle T) signés par le chef de corps ou de détachement, suivant le cas, doivent être envoyés par ces officiers *le jour même* de l'arrivée de l'homme. Tout retard dans l'envoi de ces bulletins engagerait la responsabilité du chef de corps ou de détachement (1).

Les bulletins d'arrivée modèle T ne doivent être délivrés qu'en faveur des hommes classés comme soutiens de famille au titre de l'année courante. Les listes des années antérieures doivent être considérées comme périmées (2).

Changements survenus dans la situation des familles. — Radiations.

Art. 30. Les dispositions des articles 9 et 10 sont applicables aux changements de situation qui peuvent se produire dans les familles des réservistes et territoriaux, dans l'intervalle compris entre la désignation des bénéficiaires et le départ du soutien de famille pour se rendre à son corps d'affectation.

Il y a lieu de comprendre, parmi les changements de situation de famille, les naissances ou décès d'enfants. Ces naissances ou décès sont notifiés au préfet par le maire de la commune dès qu'ils se produisent.

Payement, régularisation et liquidation des allocations.

Art. 31. Les prescriptions des articles 14, 15, 16, 17, 18 et 19 inclus de la présente instruction sont également applicables en ce qui concerne l'ouverture des crédits de délégation, le payement et la régularisation des allocations journalières acquises aux bénéficiaires des familles des réservistes et territoriaux soutiens de famille.

Le certificat tenant lieu du livret modèle H annexé à cette instruction est payable à présentation à partir du jour du départ du soutien de famille pour accomplir sa période d'exercices, mais à la condition expresse d'être accompagné du bulletin d'arrivée ; ces deux pièces réunies reçoivent la même destination que les quittances détachées du livret.

Alors même que la période commencée viendrait à être interrompue pour quelque cause que ce soit, l'allocation accordée reste acquise au bénéficiaire.

---

(1) Texte nouveau. (Circulaire du 15 septembre 1912.)
(2) Alinéa ajouté. (Circulaire du 16 juin 1913.)

Il n'est dû aucune allocation au titre de l'article 41 de la loi du 21 mars 1905, modifié par l'article 1er de la loi du 14 avril 1908 pour le temps passé par le soutien de famille à l'hôpital après l'expiration de la période qu'il avait à accomplir.

En ce qui concerne la liquidation des dépenses, il convient de se reporter aux règles tracées par l'article 19 ci-dessus.

Familles résidant à l'étranger.

Art. 32. Pour les demandes faites par les familles résidant à l'étranger, on doit se conformer à ce qui est dit à l'article 16 ; mais les agents diplomatiques ou consulaires adressent les demandes qu'ils ont instruites au préfet du département de la dernière résidence en France et c'est le conseil de ce département qui statue.

Mode d'établissement des documents relatifs aux allocations journalières.

Art. 33. Les documents à établir au titre du chapitre du budget qui renferme les crédits des allocations sont dressés comme il est spécifié à l'article 19 ci-dessus.

Modifications à apporter aux modèles. — Fourniture des imprimés.

Art. 34. Les modèles en usage pour l'armée active sont employés pour la réserve et l'armée territoriale. Afin d'éviter toute confusion ou erreur, ils portent en tête la mention manuscrite « Armée active », « Réserve » ou « Armée territoriale », suivant le cas.

Les modèles ci-après désignés seront modifiés ou complétés à la main, pour être appropriés aux besoins de la réserve et de l'armée territoriale, savoir :

Modèles E et G.

1° Indiquer dans la colonne « Mutations » la durée de la période à accomplir ;

2° Rayer l'en-tête des colonnes « Années et mois » et utiliser ces colonnes pour l'inscription du nombre de jours aux différents taux d'allocation journalière et les décomptes des allocations totales revenant aux bénéficiaires.

Les imprimés nécessaires à la réserve et à l'armée territoriale seront, comme ceux de l'armée active, fournis par l'administration de la guerre (Service intérieur ; Bureau du Matériel de l'administration centrale).

Convocations exceptionnelles.

Art. 35 (1). Dans les cas où des hommes des réserves, non compris dans le tableau annuel de l'appel des réservistes et territoriaux, sont convoqués exceptionnellement et n'ont pu, par suite, recevoir une carte postale-avis modèle S, les commandants de bureau de recrutement adressent, d'urgence, aux préfets, à l'égard de ces hommes, les renseignements indiqués à l'article 23 et accomplissent les formalités énoncées à l'article 24.

Il est joint, par les soins de ces officiers supérieurs, une notice modèle V à chaque ordre d'appel exceptionnel sous les drapeaux.

Les autorités civiles et militaires se conforment, pour l'instruction des demandes de cette nature, aux prescriptions des articles 26 à 33 inclus. Il appartient notamment aux préfets de réunir, le plus tôt possible, le conseil départemental.

Les désignations ont lieu dans les conditions déterminées par l'article 22 de la loi du 21 mars 1905 et l'article 1er de la loi du 14 avril 1908 modifiant l'article 41 de la loi du 21 mars 1905, jusqu'à concurrence de 12 p. 100 du nombre total des hommes convoqués exceptionnellement.

Afin de permettre aux familles secourues de percevoir, aussi promptement que possible, le montant de l'indemnité accordée, les autorités civiles et militaires remplissent sans aucun retard, en ce qui concerne ces demandes de désignation comme soutiens indispensables de famille, les formalités prévues par la deuxième partie de la présente instruction.

---

(1) Article ajouté. (Circulaire du 21 décembre 1911.)

MODÈLES

DÉPARTEMENT
d
—
CANTON
d
—
COMMUNE
d

MODÈLE A.

RÉPUBLIQUE FRANÇAISE.

(1) Nom et prénoms.
(2) Ajouter, s'il y a lieu, soldat ou gradé à tel régiment ou tel corps de troupes.
(3) Indiquer les nom, prénoms de la personne ayant légalement qualité pour percevoir l'allocation journalière (père, mère ou tuteur, ou la personne désignée par le conseil départemental) (art. 7 de l'instruction).

ÉTAT constatant la composition de la famille (1) *qui demande que* ***M.*** (1) *, né à département d , le , soutien indispensable de famille, soit désigné comme lui donnant droit à l'allocation journalière.*

Je soussigné, Maire de la commune d certifie que la famille de M. (1) de la classe de 19 du canton d , département (2) , se compose des membres ci-après, savoir :

NOMS et PRÉNOMS.	LIEN de PARENTÉ avec l'intéressé.	DATE de NAISSANCE.	PROFESSION.	INFIRMITÉS ou causes d'incapacité de travail.	REVENUS et RESSOURCES	CHARGES.

En cas d'attribution de l'allocation journalière, celle-ci serait perçue par M. (3)

Fait à , le 19 .

Le Maire de la commune d

·PARTEMENT

MODÈLE B.

REPUBLIQUE FRANÇAISE.

Armée active.
tingent à incorporer en octobre.
mbre total des s utiens de famille
100 au maximum vant incorporat.
100 au maximum près incorporation
Réserve et territ[le]
p. 100 du contingent au maximum

CLASSE 19 (1).

(1) Pour l'armée active, il est établi un procès-verbal par classe. Pour la réserve et l'armée territoriale, il n'est établi qu'un seul procès-verbal comprenant l'ensemble des classes.

SOUTIENS INDISPENSABLES DE FAMILLE

PROCÈS-VERBAL des opérations du Conseil départemental.

ADMISSIONS.

'an mil neuf cent , le
e Conseil départemental, convoqué pour ledit jour, à heure du
composé des membres soussignés, savoir :

MM. Préfet.................................. *Président,*
Trésorier-payeur général..................
Directeur des contributions directes......
Membres du Conseil général............. *Membres,*
Membre du Conseil d'arrondissement....

t réuni pour statuer sur les demandes faites en vue de l'obtention de l'allocation journalière.

Le Conseil, examen fait desdites demandes, a désigné comme soutiens indispensables de famille les jeunes gens dénommés ci-après :

(Il ne doit y avoir qu'une seule série de numéros par classe.)	NOMS ET PRÉNOMS des jeunes gens désignés comme soutiens indispensables de famille.	COMMUNES auxquelles appartiennent les jeunes gens. (B).	DÉSIGNATION de la FAMILLE bénéficiaire de l'allocation journalière.	NOMS ET PRÉNOMS DES PERSONNES ayant légalement qualité pour percevoir l'allocation journalière (père, mère ou tuteur, ou la personne désignée par le Conseil départemental) (art. 7 de l'instruction).	DÉTAILS sur LA POSITION de famille.	RÉSERVE ET ARMÉE TERRITORIALE. Classe.	Numéro au registre matricule.	Numéro au contrôle spécial.	Corps d'affectation.
1	2	3	4	5	6	7	8	9	10
	Arrond. d (A) Canton d (A)								
1									

(A) A classer dans l'ordre alphabétique.
(B) Les jeunes gens déclarés soutiens indispensables de famille sont classés par commune dans l'ordre alphabétique. Les communes dans les cantons, les cantons dans les arrondissements, et les arrondissements dans le département, sont classés dans le même ordre. Il est bien entendu, néanmoins, que le classement auquel procède le Conseil départemental est fait *sur l'ensemble du département.*

NUMÉROS D'ORDRE. (Il ne doit y avoir qu'une seule série de numéros par classe.)	NOMS ET PRÉNOMS des jeunes gens désignés comme soutiens indispensables de famille.	COMMUNES auxquelles appartiennent les jeunes gens. (B).	DÉSIGNATION de la FAMILLE bénéficiaire de l'allocation journalière.	NOMS ET PRÉNOMS DES PERSONNES ayant légalement qualité pour percevoir l'allocation journalière (père, mère ou tuteur, ou la personne désignée par le Conseil départemental) (art. 7 de l'instruction).	DÉTAILS sur LA POSITION de famille.	RÉSERVE ET ARMÉE TERRITORIALE. Classe.	Numéro au registre matricule.	Numéro au contrôle spécial.	Corps d'affectation.
1	2	3	4	5	6	7	8	9	10
2									
3									

Lecture faite du présent procès-verbal, chacun des membres y a apposé sa signature, et la séance a été levée à heure du .

DEPARTEMENT

d

RÉPUBLIQUE FRANÇAISE.

CLASSE 19 (1).

MODÈLE C.

(1) Pour l'armée active, il est établi un procès-verbal par classe. Pour la réserve et l'armée territoriale il n'est établi qu'un seul procès-verbal comprenant l'ensemble des classes.

SOUTIENS INDISPENSABLES DE FAMILLE.

PROCÈS-VERBAL des opérations du Conseil départemental.

RADIATIONS.

L'an mil neuf cent , le

Le Conseil départemental, convoqué ledit jour, à heure du, et composé des membres soussignés, savoir :

MM. Préfet. .... *Président.*
Trésorier-payeur général. ....
Directeur des contributions directes..
Membres du Conseil général......... *Membres.*
Membre du Conseil d'arrondissement.

Le Conseil, examen fait des changements survenus dans la situation des familles auxquelles l'allocation journalière avait été accordée, a prononcé les radiations suivantes :

NUMÉROS d'inscription sur le procès-verbal d'admission. 1	NOMS ET PRÉNOMS des JEUNES GENS désignés comme soutiens indispensables de famille. 2	COMMUNES auxquelles appartiennent les jeunes gens. 3	DÉSIGNATION DE LA FAMILLE bénéficiaire de l'allocation journalière. 4	MOTIFS des RADIATIONS. 5

Lecture faite du présent procès-verbal, chacun des membres y a apposé sa signature, et la séance a été levée à heure du

DÉPARTEMENT
d

MODÈLE D.

1° *Armée active.*	
Contingent à incorporer en octobre..................	
Nombre total de soutiens de famille..................	
10 p. 100 au maximum avant incorporation............	
2 p. 100 au maximum après incorporation.............	
2° *Réserve et Territoriale.*	
12 p. 100 du contingent au maximum................	

RÉPUBLIQUE FRANÇAISE.

SOUTIENS INDISPENSABLES

DE FAMILLE.

CLASSE 19 .

COMPTE RENDU numérique des opérations du Conseil départemental.

RÉUNION DU 19 .

NATURE DES OPÉRATIONS.	NOMBRE DE SOUTIENS de famille.	OBSERVATIONS.
1° ADMISSIONS.		
Admissions nouvelles...........................		
Admissions antérieures...........................		
TOTAL................		
2° RADIATIONS.		
Radiations nouvelles. — Changements de situation de fortune.....		
Radiations nouvelles. — Décès, réformes définitives..............		
Radiations nouvelles. — Réformes temporaires..............		
Radiations antérieures...........................		
TOTAL................		
3° RÉINTÉGRATIONS.		
Réintégration nouvelles de soutiens de famille réformés temporairement...........................		
Réintégrations antérieures...........................		
TOTAL................		

A , le 19 .

Le Préfet du département d

MINISTÈRE
DE LA GUERRE.

1re DIRECTION.

—

BUREAU
DU RECRUTEMENT.

(1) Gouvernement militaire d...... *ou* Division militaire d.....

MODÈLE D[1].

RÉPUBLIQUE FRANÇAISE.

SOUTIENS INDISPENSABLES
DE FAMILLE.

° CORPS D'ARMÉE
ou
(1)

Sous-intendance militaire d

EXERCICE 19 .

° TRIMESTRE.

ÉTAT NOMINATIF des soutiens indispensables de famille dont la radiation a été prononcée.

NOMS des SOUTIENS de famille.	DÉSIGNATION des FAMILLES bénéficiaires des allocations.	MOTIFS des RADIATIONS.	DATES des décès ou des décisions qui ont prononcé la radiation.	DATE de la cessation des payements.	DATES auxquelles les comptables du Trésor chargés des payements ont reçu l'avis de radiation.	OBSERVATIONS (A).

(A) Indiquer, dans cette colonne, s'il y a lieu, les causes des retards apportés dans la notification des radiations aux agents du Trésor chargés des payements.

A , le 19 .

Vu :
Le Directeur de l'intendance,

Le Sous-Intendant militaire,

DÉPARTEMENT
d

Modèle E
modifié par circulaire
du 15 septembre 1912.

RÉPUBLIQUE FRANÇAISE.

SOUTIENS INDISPENSABLES DE FAMILLE.

CLASSE 19 .

ÉTAT NOMINATIF des soutiens indispensables de famille pour servir au payement de l'indemnité journalière.

(Décision du conseil départemental du 19 .)

Numéros des livrets.	Soutiens de famille. — Noms et prénoms.	Désignation et domiciles des familles bénéficiaires de l'allocation journalière.	Noms et prénoms des personnes ayant légalement qualité pour percevoir l'allocation (père, mère ou tuteur ou la personne désignée par le conseil départemental) [article 7 de l'instruction].	Mutations.	Constatation du payement des allocations mensuelles (1).																								Majorations (2).								
					Année 19 .			Année 19 .												Année 19 .										Année 19	Année 19 .				Année 19 .		
					Octobre.	Novembre.	Décembre.	Janvier.	Février.	Mars.	Avril.	Mai.	Juin.	Juillet.	Août.	Septembre.	Octobre.	Novembre.	Décembre.	Janvier.	Février.	Mars.	Avril.	Mai.	Juin.	Juillet.	Août.	Septembre.	Nombre d'enfants.	1er trimestre.	1er trimestre	2e trimestre.	3e trimestre.	4e trimestre.	1er trimestre	2e trimestre.	3e trimestre.

(1) Cette constatation est faite par l'apposition de la lettre P dans la case correspondant au mois du payement.
(2) La constatation du payement des majorations est faite par l'apposition de la lettre p à l'encre rouge dans la case correspondant au trimestre du payement.

Cet imprimé sera du format raisin et la qualité du papier sera supérieure à celle actuellement employée. Toutefois, ces modifications ne seront exécutées que lorsque la provision des imprimés en service sera épuisée. (Circulaire du 15 septembre 1912.)

DÉPARTEMENT
d

(1)

MODÈLE F.

(1) Trésorerie générale
ou
Recette des finances
d

RÉPUBLIQUE FRANÇAISE.

SOUTIENS INDISPENSABLES DE FAMILLE.

CLASSE 19 .

AUTORISATION DE PAYEMENT.

ÉTAT NOMINATIF des titulaires de l'allocation journalière attribuée aux familles des militaires soutiens indispensables de famille.

NUMÉROS des livrets.	FAMILLES BÉNÉFICIAIRES de L'ALLOCATION JOURNALIÈRE.		NOMS ET PRÉNOMS DES PERSONNES ayant légalement qualité pour percevoir l'allocation (père, mère ou tuteur, ou la personne désignée par le conseil départemental). (Art. 7 de l'instruction.)	OBSERVATIONS (A).		
	Noms et prénoms.	Domicile.		Durée de la période d'allocation	Taux de l'allocation journalière.	Somme à payer au bénéficiaire.

(A) Ces observations ne concernent que les allocations accordées aux hommes de la *réserve* et de l'*armée territoriale*.

NUMÉROS des livrets.	FAMILLES BÉNÉFICIAIRES de L'ALLOCATION JOURNALIÈRE.		NOMS ET PRÉNOMS DES PERSONNES ayant légalement qualité pour percevoir l'allocation (père, mère ou tuteur, ou la personne désignée par le conseil départemental). (Art. 7 de l'instruction.)	OBSERVATIONS (A).		
	Noms et prénoms.	Domicile.		Durée de la période d'allocation	Taux de l'allocation journalière.	Somme à payer au bénéficiaire.

A , le 19 .

Le (1)

(1) Trésorier-payeur général d
ou
Receveur des finances d

SOUS-INTENDANCE
MILITAIRE
d

Modèle G.

RÉPUBLIQUE FRANÇAISE.

SOUTIENS INDISPENSABLES DE FAMILLE.

CLASSE 19 .

REGISTRE-CONTROLE des soutiens indispensables de famille et du payement de l'indemnité journalière.

NUMÉROS DES LIVRETS.	SOUTIENS de FAMILLE. — Noms et prénoms.	DÉSIGNATION et domiciles des familles bénéficiaires de l'allocation journalière.	NOMS ET PRÉNOMS des personnes ayant légalement qualité pour percevoir l'allocation (père, mère ou tuteur ou la personne désignée par le conseil départemental) [article 7 de l'instruction].	MU- TATIONS.	CONSTATATION DU AYEMENT DES ALLOCATIONS MENSUELLES (1).																								MAJORATIONS (2).								
					ANNÉE 19			ANNÉE 19												ANNÉE 19										ANNÉE 19	ANNÉE 19				ANNÉE 19		
					Octobre.	Novembre.	Décembre.	Janvier.	Février.	Mars.	Avril.	Mai.	Juin.	Juillet.	Août.	Septembre.	Octobre.	Novembre.	Décembre.	Janvier.	Février.	Mars.	Avril.	Mai.	Juin.	Juillet.	Août.	Septembre.	Nombre d'enfants.	4e trimestre.	1er trimestre	2e trimestre.	3e trimestre.	4e trimestre.	1er trimestre	2e trimestre.	3e trimestre.

(1) Cette constatation est faite par l'apposition de la lettre P dans la case correspondant au mois du ayement.
(2) La constatation du payement des majorations est faite par l'apposition de la lettre p à l'encre ouge dans la case correspondant au trimestre du payement.

Cet imprimé sera du format raisin et la qualité du papier sera supérieure à celle actuellement employée. Toutefois, ces modifications ne seront exécutées que lorsque la provision des imprimés en service sera puisée. (Circulaire du 15 septembre 1912.)

MODÈLE H.

NUMÉRO
du département.

CLASSE 1908.

DÉPARTEMENT
d

SOUTIENS INDISPENSABLES DE FAMILLE.

LIVRET DE PAYEMENT
DE L'ALLOCATION JOURNALIÈRE.

N° (1)

NOTA. — Les reçus annexés au présent livret sont détachés de leur talon *au moment du payement par l'agent du Trésor.*

(1) Numéro d'ordre du procès-verbal du conseil départemental.

La présente allocation ne peut être payée qu'au représentant légal de la famille ou à la personne désignée par le Conseil départemental (art. 7 de l'instruction) qui doit donner quittance en présence du payeur.

Toutefois, dans le cas où l'ayant droit se trouverait habituellement dans l'impossibilité de se déplacer, il pourra donner ses pouvoirs à un tiers, en faisant remplir par le maire la formule de procuration *permanente* ci-après.

En cas de décès, réforme définitive ou temporaire, désertion, insoumission ou condamnation à une peine d'emprisonnement en vertu d'un jugement, du soutien de famille, l'allocation cesse de plein droit et le présent livret doit être remis par le titulaire au maire de la commune.

Le titulaire du présent livret est invité à percevoir le montant de chaque mensualité dès les premiers jours du mois suivant. Un retard de plus de trois mois exposerait le bénéficiaire au retrait de l'allocation.

Classe 1908.

COMMUNE
d

CANTON
d

ARRONDISSEMENT
d

Exempt de timbre.

RÉPUBLIQUE FRANÇAISE.

PRÉFECTURE DU DÉPARTEMENT D

CERTIFICAT DE SOUTIEN INDISPENSABLE DE FAMILLE.

(Article 22 de la loi du 21 mars 1905.)

(1) Nom et prénoms.
(2) Indiquer les nom et prénoms de la personne ayant légalement qualité pour percevoir les allocations (père, mère ou tuteur ou la personne désignée par le Conseil départemental) (art. 7 de l'instruction).

(A) *Indiquer la date à partir de laquelle l'allocation est concédée.*

Le Préfet d   soussigné, certifie que M. (1)   , né à   , département d   , le   , fils d   et de   qui a concouru à la formation de la classe de 1908 dans le canton d   , a été désigné par le Conseil départemental comme soutien indispensable de famille.

En conséquence, la famille
a droit à l'allocation journalière de 0 fr. 75 à dater du (A)

Ladite allocation sera quittancée par M. (2)
dont la signature est apposée ci-contre, et qui devra se présenter à partir du 1er de chaque mois, chez le percepteur de la commune d   , pour en toucher le montant.

(Signature.)

Le Préfet du département,

Vu :

Pour légalisation de la signature de M.

Le Maire,

Vu :

Le Sous-Intendant militaire.

Timbre de la mairie.

Timbre du Sous-Intendant militaire.

Exempt de timbre.

MUTATIONS.

M. demeurant à
et dont la signature est apposée ci-dessous, remplacera M.
mentionné d'autre part, pour la perception de l'indemnité journalière.

A , le 19 .

Le Préfet du département d

(Signature.)

Vu :

Pour légalisation de la signature
de M.

Le Maire,

Timbre
de
la mairie.

Vu :

Le Sous-Intendant militaire,

Timbre
du Sous-Intendant
militaire.

M. , demeurant à ,
et dont la signature est apposée ci-dessous, remplacera M ,
mentionné d'autre part, pour la perception de l'indemnité journalière.

A , le 19 .

Le Préfet du département d

(Signature.)

Vu :

Pour légalisation de la signature
de M.

Le Maire,

Timbre
de
la mairie.

Vu :

Le Sous-Intendant militaire,

Timbre
du Sous-Intendant
militaire.

Exempt de timbre.

FORMULE DE PROCURATION (1).

Duplicata qui doit rester annexé au livret.

Département d

Classe 1908.

N° du livret :

M.

demeurant à

Nous, Maire de la commune de

département d
certifions que M.

ayant qualité pour percevoir l'allocation qui a été accordée suivant certificat n° , par application de l'article 22 de la loi du 21 mars 1905,

Nous a déclaré donner à M.

demeurant à

dont la signature figure ci-dessous, l'autorisation de, pour lui et en son

(1) Ces deux formules doivent être remplies simultanément par le maire.

Exempt de timbre.

FORMULE DE PROCURATION (1).

Primata à détacher par le payeur et à joindre à la première quittance signée par le mandataire.

Département d

Classe 1908.

N° du livret :

M.

demeurant à

Nous, Maire de la commune de

département d
certifions que M.

ayant qualité pour percevoir l'allocation qui a été accordée suivant certificat n° , par application de l'article 22 de la loi du 21 mars 1905,

Nous a déclaré donner à M.

demeurant à

dont la signature figure ci-dessous, l'autorisation de, pour lui et en son

(1) Ces deux formules doivent être remplies simultanément par le maire.

nom, recevoir les termes échus ou à échoir sur ladite allocation.

Fait en double à
le

(*Signature du mandant.*) (1)

(*Signature du mandataire.*)

(*Signature du Maire.*)

Timbre
de
la mairie.

(1) Dans le cas où le déclarant ne saurait signer, le Maire devrait le constater et exiger la présence de deux témoins qui signeraient avec lui.

nom, recevoir les termes échus ou à échoir sur ladite allocation.

Fait en double à
le

(*Signature du mandant.*) (1)

(*Signature du mandataire.*)

(*Signature du Maire.*)

Timbre
de
la mairie.

Le primata de la présente procuration a été annexé à la quittance du mois de , payée le , par le percepteur de soussigné.

(*Signature.*)

(1) Dans le cas où le déclarant ne saurait signer, le Maire devrait le constater et exiger la présence de deux témoins qui signeraient avec lui.

Exempt de timbre.

FORMULE DE PROCURATION (1).

Duplicata qui doit rester annexé au livret.

Département d

Classe 1908.

N° du livret :

M.

demeurant à

Nous, Maire de la commune de

département d
certifions que M.

ayant qualité pour percevoir l'allocation qui a été accordée suivant certificat n° , par application de l'article 22 de la loi du 21 mars 1905,

Nous a déclaré donner à M.

demeurant à

dont la signature figure ci-dessous, l'autorisation de, pour lui et en son

---

(1) Ces deux formules doivent être remplies simultanément par le maire.

Exempt de timbre.

FORMULE DE PROCURATION (1).

Primata à détacher par le payeur et à joindre à la première quittance signée par le mandataire.

Département d

Classe 1908.

N° du livret :

M.

demeurant à

Nous, Maire de la commune de

département d
certifions que M.

ayant qualité pour percevoir l'allocation qui a été accordée suivant certificat n° , par application de l'article 22 de la loi du 21 mars 1905,

Nous a déclaré donner à M.

demeurant à

dont la signature figure ci-dessous, l'autorisation de, pour lui et en son

---

(1) Ces deux formules doivent être remplies simultanément par le maire.

nom, recevoir les termes échus ou à échoir sur ladite allocation.

Fait en double à
le

(*Signature du mandant.*) (1)

(*Signature du mandataire.*)

(*Signature du Maire.*)

Timbre
de
la mairie.

(1) Dans le cas où le déclarant ne saurait signer, le Maire devrait le constater et exiger la présence de deux témoins qui signeraient avec lui.

nom, recevoir les termes échus ou à échoir sur ladite allocation.

Fait en double à
le

(*Signature du mandant.*) (1)

(*Signature du mandataire.*)

(*Signature du Maire.*)

Timbre
de
la mairie.

Le primata de la présente procuration a été annexé à la quittance du mois de , payée le , par le percepteur de soussigné.

(*Signature.*)

(1) Dans le cas où le déclarant ne saurait signer, le Maire devrait le constater et exiger la présence de deux témoins qui signeraient avec lui.

Classe 1908.

—

EXERCICE 1909.

—

Allocation du mois

d'octobre 1909 :

DÉPARTEMENT N° du livret :

d Classe 1908.

— — —

Bénéficiaire :

Domicile :

SOUTIENS INDISPENSABLES DE FAMILLE

(Article 22 de la loi du 21 mars 1905.)

MOIS D'OCTOBRE 1909. — EXERCICE 1909.

INDEMNITÉ JOURNALIÈRE

Décompte : journées à 0 fr. 75....

Je, soussigné, reconnais avoir reçu la somme de

A , le 1909.

Exempt de timbre.

Classe 1908.

EXERCICE 1911.

Allocation du mois

d'août 1911 :

23 fr. 25.

DÉPARTEMENT

d

N° du livret :

Classe 1908.

Bénéficiaire :

Domicile :

SOUTIENS INDISPENSABLES DE FAMILLE

(Article 22 de la loi du 21 mars 1905.)

MOIS D'AOUT 1911. — EXERCICE 1911.

INDEMNITÉ JOURNALIÈRE

Décompte : 31 journées à 0 fr. 75.... 23 fr. 25.

Je, soussigné, reconnais avoir reçu la somme de vingt trois francs vingt-cinq centimes.

A , le 1911.

Exempt de timbre.

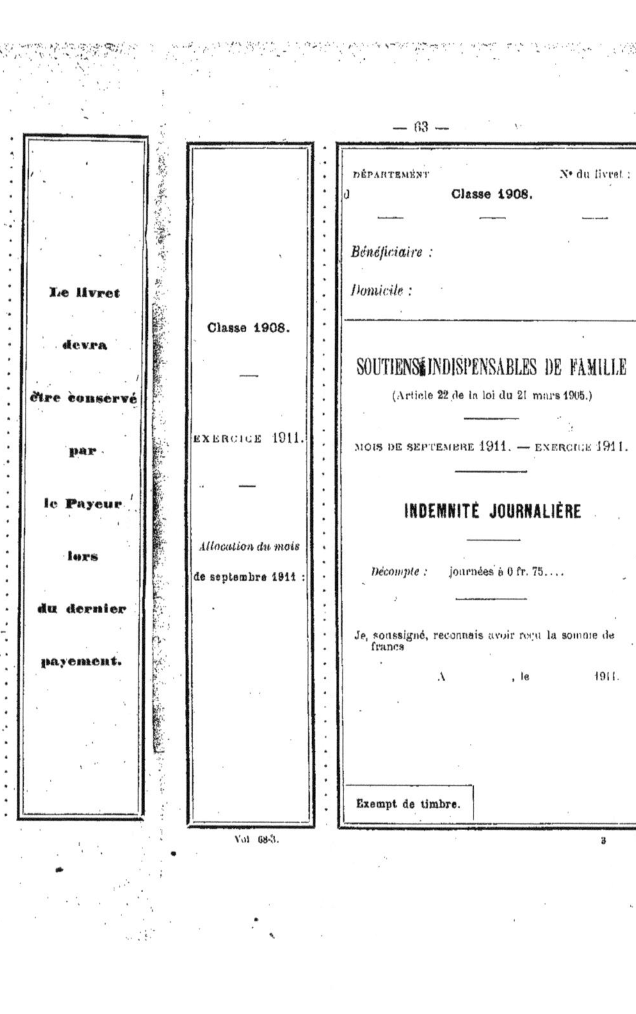

Le livret

devra

être conservé

par

le Payeur

lors

du dernier

payement.

Classe 1908.

—

EXERCICE 1911.

—

Allocation du mois

de septembre 1911 :

DÉPARTEMENT

N° du livret :

Classe 1908.

Bénéficiaire :

Domicile :

SOUTIENS INDISPENSABLES DE FAMILLE

(Article 22 de la loi du 21 mars 1905.)

MOIS DE SEPTEMBRE 1911. — EXERCICE 1911.

INDEMNITÉ JOURNALIÈRE

Décompte : journées à 0 fr. 75....

Je, soussigné, reconnais avoir reçu la somme de francs

A , le 1911.

Exempt de timbre.

DÉPARTEMENT
d

—

ARRONDISSEMENT
d

—

CANTON
d

—

Classe de 19 .

—

Livret de payement
n°

RÉPUBLIQUE FRANÇAISE.

MODÈLE H[1].

SOUTIENS INDISPENSABLES DE FAMILLE.

(Application de l'article 102
de la loi de finances du 8 avril 1910.)

CERTIFICAT délivré pour servir au payement des majorations d'allocations journalières dues pour le ^e^ *trimestre* 19 . *(Annexe du livret de payement de l'allocation journalière n°* .)

Nous, soussigné, Maire d

Vu l'existence des enfants ci-dessous désignés, constatée par (1), , à la date du (2) .

1° , né le

2° , né le

3° , né le (3),

fils et fille du soldat (4)

de la classe de 19 et de (4) , son épouse, ainsi qu'il résulte des actes de l'état civil tenus par nous ou du livret de famille qui nous a été présenté;

Déclarons que M. (4), titulaire de l'allocation journalière de 0 fr. 75 désigné par le Conseil départemental, a le droit de recevoir, en outre, les majorations prévues par l'article 102 de la loi de finances du 8 avril 1910.

A , le 19 .

Le Maire d

Vu pour être transmis à M. le Sous-Intendant militaire,

A , le 19 .

Le Préfet d

(1) Nous *ou* par le Maire d (lieu de résidence de l'enfant).

(2) En toutes lettres.

(3) En cas où l'un des enfants serait décédé au cours du trimestre, l'indiquer en inscrivant en toutes lettres la date du décès.

(4) Nom et prénoms.

Le titulaire du présent certificat est invité à percevoir le montant de l'indemnité décomptée ci-contre dès que le dit certificat lui aura été remis par le maire de la commune.

Le Sous-Intendant militaire d .

Vu le certificat ci-dessus, déclare que les majorations à payer pour le trimestre 19 décomptées comme il suit :

Pour le 1er enfant. journées à 0 fr. 25
Pour le 2e enfant. journées à 0 fr. 25
Pour le 3e enfant. journées à 0 fr. 25
s'élèvent à la somme de (5) .

Le Sous-Intendant militaire d

(5) En toutes lettres.

Reçu la somme de (5) susénoncée.

A , le 19 .

La partie prenante,

Exempt de timbre.

DÉPARTEMENT
d

—

ARRONDISSEMENT
d

—

COMMUNE
d

MODÈLE I.

RÉPUBLIQUE FRANÇAISE.

—

SOUTIENS INDISPENSABLES DE FAMILLE.

CLASSE 19 .

ÉTAT NOMINATIF des jeunes gens de la commune d qui ont été déclarés soutiens indispensables de famille suivant décision du Conseil départemental en date du 19 , et dont les familles percevront l'allocation journalière pendant leur présence sous les drapeaux.

NOMS ET PRÉNOMS des SOUTIENS DE FAMILLE.	DÉSIGNATION DES FAMILLES BÉNÉFICIAIRES de l'allocation journalière.	OBSERVATIONS.

A Monsieur le Maire de la commune d

NOMS ET PRÉNOMS des SOUTIENS DE FAMILLE.	DÉSIGNATION DES FAMILLES BÉNÉFICIAIRES de l'allocation journalière.	OBSERVATIONS.

A , le 19 .

Le Préfet du département,

DÉPARTEMENT
d

—

ARRONDISSEMENT
d

—

CANTON
d

—

COMMUNE
d

Modèle P.

RÉPUBLIQUE FRANÇAISE.

SOUTIENS INDISPENSABLES DE FAMILLE.

CLASSE 19 .

BORDEREAU des livrets de payement destinés aux bénéficiaires de l'allocation journalière de 0 fr. 75.

NUMÉROS des livrets.	DÉSIGNATION DES FAMILLES BÉNÉFICIAIRES de l'allocation journalière.	SIGNATURES.		OBSERVATIONS.

A Monsieur le Préfet du département d

NUMÉROS des livrets.	DÉSIGNATION DES FAMILLES BÉNÉFICIAIRES de l'allocation journalière.	SIGNATURES.		OBSERVATIONS.

A , le 19 .

Le Préfet du département,

Le Maire soussigné déclare avoir remis livrets, que les intéressés ont signés devant lui.

Ci-joint pour renvoi livrets qui n'ont pas été retirés.

A , le 19 .

Le Maire de la commune d

DÉPARTEMENT
d

—

COMMUNE
d

MODÈLE J.

RÉPUBLIQUE FRANÇAISE.

—

CLASSE 19 .

DÉCLARATION DE PERTE D'UN LIVRET D'ALLOCATION

CONCERNANT UN SOUTIEN DE FAMILLE.

(Cette déclaration est rédigée sur papier libre.)

Devant nous, Maire de la commune d , canton d , arrondissement d , département d , a comparu M. , demeurant à , l quel nous a déclaré avoir perdu le livret n° ,afférent à l'allocation journalière dont la famille est bénéficiaire et qui a été accordée à l'occasion de l'appel sous les drapeaux de M.

L déclarant ayant qualité pour percevoir ladite allocation nous a dit qu' désire obtenir le remplacement de ce document et qu' s'engage à le rapporter dans le cas où viendrait à le retrouver.

Ladite déclaration a été faite en présence de M. , demeurant à , et de M. , demeurant à , lesquels nous ont attesté l'individualité d déclarant et ont, ainsi que , signé avec nous.

A , le 19 .

(*Signatures.*)

Cachet
de la Mairie.

Le (1) certifie que la dernière mensualité qu'il a payée sur l'allocation susvisée concerne le mois d mil neuf cent

A , le 19 .

Le (1)

Cachet
du Payeur.

(1) Le Trésorier Payeur général d
ou
Le Receveur des finances d
ou
Le Percepteur d

DÉPARTEMENT
d

N°

MODÈLE K.

RÉPUBLIQUE FRANÇAISE.

CLASSE 19 .

SOUTIENS INDISPENSABLES DE FAMILLE.

BULLETIN DE MUTATIONS.

NUMÉROS des livrets.	NOMS ET PRÉNOMS des SOUTIENS DE FAMILLE.	COMMUNES auxquelles appartiennent les soutiens de famille.	DÉSIGNATION DES FAMILLES bénéficiaires de l'allocation journalière et lieux de payement.	MOTIFS et DATES DES MUTATIONS.

(1) Le Commandant du bureau de recrutement (pour l'envoi au Préfet, au Trésorier-Payeur général et au Sous-intendant militaire).

ou

Le Préfet du département (pour envoi au Maire de la commune).

A , le 19 .

Le (1)

Notifié par le Préfet au Maire de la commune de
le 19 .

DÉPARTEMENT
d

N°

MODÈLE L.

RÉPUBLIQUE FRANÇAISE.

CLASSE 19

SOUTIENS INDISPENSABLES DE FAMILLE.

AVIS DE RADIATION par suite de décès, de réforme ou de changement de position.

NUMÉRO du livret.	NOMS ET PRÉNOMS des SOUTIENS DE FAMILLE.	COMMUNES AUXQUELLES appartiennent les soutiens de famille.	DÉSIGNATION des familles bénéficiaires des allocations.	OBSERVATIONS (1).

A , le 19 .

Le Trésorier-Payeur général du département d ou le Receveur des finances,

(1) Indiquer dans cette colonne les motifs de la radiation.

A Monsieur le { Receveur des finances (par le Trésorier-Payeur général); Percepteur d (par le Receveur des finances).

. . . .

ACCUSE DE RÉCEPTION (1) DU BULLETIN DE MUTATION K, OU DE L'AVIS DE RADIATION L.

NUMÉROS des livrets.	DATES AUXQUELLES LES COMPTABLES DU TRÉSOR CHARGÉS DES PAYEMENTS ONT REÇU NOTIFICATION DE L'AVIS.

A , le 19 .

Le Percepteur ou le Receveur des finances ou le Trésorier-Payeur général.

(1) Cet accusé de réception doit être détaché respectivement par le Percepteur, le Receveur des finances, le Trésorier-Payeur général et renvoyé au Receveur des finances, au Trésorier-Payeur général et à l'Ordonnateur.

DÉPARTEMENT
d

—

ARRONDISSEMENT
d

—

COMMUNE
d

Modèle M.

RÉPUBLIQUE FRANÇAISE.

CLASSE 19 .

SOUTIENS INDISPENSABLES DE FAMILLE.

BULLETIN de changement de résidence.

NUMÉROS des livrets.	NOM du SOUTIEN DE FAMILLE.	DÉSIGNATION DE LA FAMILLE bénéficiaire de l'allocation journalière.	LIEU OÙ L'ALLOCATION est désignée payable.	OBSERVATIONS.

Le soussigné, domicilié à , ayant légalement qualité pour percevoir l'allocation journalière allouée à la famille susvisée, demande à recevoir le payement de cette allocation à la caisse du (1)
à

A , le 19 .

Le comptable soussigné certifie que l'allocation indiquée ci-dessus est assignée payable sur sa caisse. La dernière mensualité payée est celle d 19 .

A , le 19 .

Le (1)

(1) Trésorier-Payeur général *ou* Receveur des finances *ou* Percepteur.

DÉPARTEMENT
d

—

RECETTE DES FINANCES
d

—

PERCEPTION
d

RÉPUBLIQUE FRANÇAISE.

MODÈLE N.

(1) Il est établi un bordereau distinct par exercice.

SOUTIENS INDISPENSABLES DE FAMILLE.

EXERCICE 19 .

Mois d

PAYEMENTS A RÉGULARISER.

BORDEREAU (1) *des payements effectués aux familles des jeunes gens soutiens indispensables de famille.*

NUMÉROS des livrets (2).	DÉSIGNATION DES FAMILLES bénéficiaires de l'allocation journalière.	MONTANT PAR QUITTANCE.			OBSERVATIONS.
		Classe 19 .	Classe 19 .	Classe 19 .	
	A reporter.....				

(2) Inscrire suivant l'ordre des numéros des livrets et par classe.

NUMÉROS des livrets.	DÉSIGNATION DES FAMILLES bénéficiaires de l'allocation journalière.	MONTANT PAR QUITTANCE. Classe 19 .	Classe 19 .	Classe 19 .	OBSERVATIONS.
	TOTAUX.....				

ARRÊTÉ le présent bordereau à la somme totale de

A , le 19 .

L (1)

(1) Le Receveur des finances *ou* le Trésorier-Payeur général.

DÉPARTEMENT
d

TRÉSORERIE GÉNÉRALE.

MODÈLE O.

RÉPUBLIQUE FRANÇAISE.

(1) Il est établi un bordereau distinct par exercice.

SOUTIENS INDISPENSABLES DE FAMILLE.

EXERCICE 19 .

Mois d .

PAYEMENTS A RÉGULARISER.

BORDEREAU RÉCAPITULATIF (1) *des payements effectués aux familles des jeunes gens soutiens indispensables de famille.*

DÉSIGNATION DES RECETTES DES FINANCES.	MONTANT DES PAYEMENTS EFFECTUÉS.			OBSERVATIONS.
	Classe 19 .	Classe 19 .	Classe 19 .	
A reporter.....				

DÉSIGNATION DES RECETTES DES FINANCES.	MONTANT DES PAYEMENTS EFFECTUÉS. Classe 19 .	Classe 19 .	Classe 19 .	OBSERVATIONS.
Report.....				
TOTAUX.....				

ARRÊTÉ le présent bordereau à la somme totale de

A , le 19 .

Le Trésorier-Payeur général,

MINISTÈRE
DE LA GUERRE.

DIRECTION
d

BUREAU
d

Date de l'arrivée à la direction de l'Intendance le 19 .

MODÈLE P.

(1) Gouvernement militaire d
ou division d
etc.

ÉTAT DE LIQUIDATION (A).

e CORPS D'ARMÉE.
ou
(1)

SOUS-INTENDANCE MILITAIRE
d

EXERCICE 191 .

e SECTION.

CHAPITRE . ARTICLE.

Allocations aux soutiens indispensables de famille

MONTANT TOTAL des dépenses.	MONTANT DES DÉPENSES admises en liquidation.

Sommes mandatées en moins	à ordonnancer au titre des exercices clos.	

(A) Il est fait emploi de la formule n° 501 de la nomenclature.

LIQUIDATION.

Le Sous-Intendant militaire, après vérification des pièces justificatives qui ont été mises à l'appui de l'ordonnancement des allocations journalières payées aux familles des militaires reconnus soutiens indispensables de famille, liquide ainsi qu'il suit, le montant de la dépense qui résulte desdites allocations.

MOIS pendant lesquels les mandats ont été émis.	ARMÉE ACTIVE.													
	CLASSE 19			CLASSE 19			CLASSE 19			MONTANT	MONTANT	DIFFÉRENCE entre les colonnes 11 et 12		OBSERVATIONS.
	MONTANT des mandats de régularisation.	MONTANT mensuel des mandats directs (toutes fractions mensuelles).	TOTAL des mandats émis.	MONTANT des mandats de régularisation.	MONTANT mensuel des mandats directs.	TOTAL des mandats émis.	MONTANT des mandats de régularisation.	MONTANT mensuel des mandats directs.	TOTAL des mandats émis.	TOTAL de la dépense.	des sommes mandatées.	QUITTANCES payées à régulariser au titre des exercices clos.	QUITTANCES non payées à ordonnancer au titre des exercices clos.	
1	2	3	4	5	6	7	8	9	10	11	12	13	14	15
ANNÉE 19														
Janvier														
Février														
Mars														
Avril														
Mai														
Juin														
Juillet														
Août														
Septembre														
Octobre														
Novembre														
Décembre														
ANNÉE 19														
Janvier														
Février														
Mars														
TOTAUX des mandats émis	200 00	30 00	230 00	150 00	40 00	190 00	100 00	10 00	110 00	530 00	530 00	....	....	
A ajouter :														
Quittances *payées* restant à régulariser au titre des exercices clos			20 00	....	....	25 00	....	....	10 00	55 00	»	55 00	....	
Quittances *non acquittées*, suivant état ci-joint			10 00	....	....	15 00	....	....	5 00	30 00	»	....	30 00	
TOTAUX GÉNÉRAUX			260 00	....	....	230 00	....	....	125 00	615 00	530 00			
												85 00		

En conséquence, le Sous-Intendant militaire liquide le montant des créances portées au présent état à la somme de six cent quinze francs.

A , le 19

Le Sous-Intendant militaire,

MINISTÈRE DE LA GUERRE.

DIRECTION d

—

BUREAU d

RAPPORT DE LIQUIDATION (A).

° CORPS D'ARMÉE. ou (1)

MODÈLE Q.

(1) Gouvernement militaire d ou division d , etc.

Numéro d'enregistrement. { Au bureau du directeur : Au bureau d : A la Direction du contrôle :

Dates., { De l'arrivée des pièces au Bureau d : Le 19 . De la remise à la Direction du contrôle : Le 19 . Du renvoi au Bureau d : Le 19 .

EXERCICE 19 .

° SECTION.

CHAPITRE , ARTICLE .

Allocations aux soutiens indispensables de famille.

MONTANT TOTAL des états de liquidation.	PROPOSITIONS		
	du DIRECTEUR de l'Intendance.	du BUREAU d	de LA DIRECTION du contrôle.

Sommes mandatées en moins.......... { à ordonnancer au titre des exercices clos.

(A) Il est fait emploi de la formule n° 502 de la nomenclature.

Le Directeur de l'Intendance, après vérification des états de liquidation indiqués ci-après, les arrête ainsi qu'il suit :

DÉSIGNATION DES SOUS-INTENDANCES.	MONTANT DES DÉPENSES d'après les états de liquidation.	ARMÉE ACTIVE.			MONTANT TOTAL de la dépense ou droits constatés.	SOMMES MANDATÉES.	DIFFÉRENCE ENTRE LES COLONNES 6 ET 7.		OBSERVATIONS.
		CLASSE 19 .	CLASSE 19 .	CLASSE 19 .			Quittances payées à régulariser au titre des exercices clos.	Quittances non payées à ordonnancer au titre des exercices clos.	
1	2	3	4	5	6	7	8	9	10
TOTAUX GÉNÉRAUX									

En conséquence, le montant des états de liquidation qui font l'objet du présent rapport est arrêté à la somme totale de (2)

A , le 19 .

Le Directeur de l'Intendance.

(1) Somme à laquelle doit être arrêté le rapport de liquidation.
(2) En toutes lettres.

REVISION MINISTÉRIELLE

EXAMEN ET PROPOSITIONS DU BUREAU.

Le Directeur a admis les dépenses pour la somme totale de	
Le Bureau propose de liquider à...........................	
Différence.............	

EXPLICATION DE CETTE DIFFÉRENCE.

	AUGMENTATIONS.	DIMINUTIONS.
TOTAUX........		
Différence finale comme ci-dessus..........		

En conséquence, le Bureau propose d'arrêter le présent rapport de liquidation à la somme totale de

Paris, le 19 .

Le Chef du Bureau,

Le Sous-Directeur,

RÉSULTAT DE LA VÉRIFICATION OPÉRÉE PAR LA DIRECTION DU CONTRÔLE.	DÉCISION DU MINISTRE.
Le Chef du Bureau des Comptes, *Le Sous-Directeur,*	Le Ministre a approuvé le

MODÈLE R.

DÉPARTEMENT
d

ARRONDISSEMENT
d'

CANTON
d

COMMUNE
d

Numéro d'inscription au procès-verbal.

RÉPUBLIQUE FRANÇAISE.

(1)

Exercice 19 .

CERTIFICAT DE SOUTIEN INDISPENSABLE DE FAMILLE

(1) Réserve de l'armée active *ou* armée territoriale.
(2) Nom et prénoms.
(3) Nombre d'enfants, s'il y a lieu.
(4) Nom, prénoms et domicile du bénéficiaire de l'allocation journalière.
(5) Produit de 0 fr. 25 par le nombre d'enfants.
(6) Somme en toutes lettres.

Le préfet du département d soussigné, certifie que M. (2) , né le , à , département d , ayant à sa charge (3) enfants de moins de 16 ans et appelé à faire cette année une période d'instruction de jours (y compris l'aller et le retour), a été désigné par le conseil départemental comme soutien indispensable de famille.

M. (4) aura donc droit à une allocation journalière de 0 fr. 75, majorée de (5) = , soit, pour ladite période de jours, à une allocation totale de (6).

Cette allocation sera payée chez le percepteur auquel sera produit le bulletin d'arrivée au corps de l'homme appelé (modèle T), sur la quittance de la personne désignée par le bénéficiaire au bas du présent certificat.

A , le 19 .

Le Préfet du département,

Vu :
Le Sous-Intendant militaire.

Nous, maire de la commune de département d , certifions que M. ayant qualité pour percevoir l'allocation qui a été accordée suivant certificat ci-dessus nous a déclaré donner à M. demeurant à dont la signature figure ci-dessous l'autorisation de, pour lui et en son nom, recevoir le montant de ladite allocation. (Signature du mandataire.) (Signature du mandant.) Cachet de la mairie. (Signature du maire.)	Reçu la somme de montant de l'allocation journalière due en vertu du certificat ci-dessus. A , le 19 .

Avis important. — Le présent certificat ne sera présenté au percepteur qu'accompagné du bulletin modèle T faisant connaître que l'homme a rejoint son corps.

Le titulaire du présent certificat est invité à percevoir le montant de l'indemnité décomptée ci-contre dès que le bulletin d'arrivée modèle T lui aura été remis par le maire de la commune

Le présent certificat ne doit être remis, par le maire, à la personne bénéficiaire de l'allocation qu'après réception du bulletin d'arrivée modèle T lui correspondant, et en même temps que cette dernière pièce. (Circulaire du 16 juin 1913.)

Classe : N° au reg. m^le : N° au contrôle sp. : Corps d'affectation :

AVIS AU SERVICE POSTAL

En cas de non-remise au destinataire, renvoyer la présente au commandant du bureau de recrutement d

RÉPUBLIQUE FRANÇAISE.

CARTE POSTALE-AVIS

N° 1024
DE LA NOMENCLATURE GÉNÉRALE.

MODÈLE S
de l'Instruction
du 16 janvier 1911
(Soutiens de famille)
modifié par circulaires
des 14 juin 1911
et 15 septembre 1912.

M...

....

....

(Dép^nt d.................................)

NOTA. — Le commandant de recrutement inscrira, au verso de la carte postale-avis, la date à laquelle il l'envoie aux intéressés.
Cette date sera inscrite à gauche du timbre du bureau de recrutement.

RÉPUBLIQUE FRANÇAISE

Le destinataire de la présente carte est informé qu'il devra accomplir une période d'instruction de jours l'an prochain. Il recevra, en temps opportun, un ordre d'appel.

S'il a l'intention de solliciter, pour sa famille, les allocations prévues en faveur des soutiens indispensables de famille (allocations qui ne peuvent être accordées que par les conseils départementaux et seulement dans la proportion de 12 p. 100 du nombre d'hommes des réserves convoqués), il devra remettre au maire de sa résidence, **avant le 15 décembre** de la présente année, une demande accompagnée d'un relevé des contributions payées par la famille et certifié par le percepteur et à laquelle devra être jointe la présente feuille.

Sur la déclaration du pétitionnaire, le maire dressera l'état modèle A indiquant le nombre et la position des membres de la famille vivant sous le même toit ou séparément, les revenus et ressources de chacun d'eux. Le maire doit envoyer le dossier complet au préfet **avant le 31 décembre.**

Classe: .... N° au reg. m[le] : .... N° au Contrôle sp[al] .... Corps d'affectation ....

AVIS AU SERVICE POSTAL.

En cas de non-remise au destinataire, renvoyer la présente au commandant du bureau de recrutement d

RÉPUBLIQUE FRANÇAISE.

CARTE POSTALE-AVIS

N° 1024 DE LA NOMENCLATURE GÉNÉRALE.

MODÈLE S1 de l'Instruction du 16 janvier 1911 (Soutiens de famille.) modifié par circulaires des 14 juin 1911 et 15 septembre 1912.

M ....

....

....

(Dép[t] d ....).

NOTA. — Le commandant de recrutement inscrira, au verso de la carte postale-avis, la date à laquelle il l'envoie aux intéressés.

Cette date sera inscrite à gauche du timbre du bureau de recrutement.

RÉPUBLIQUE FRANÇAISE.

Le destinataire de la présente carte est informé qu'il devra accomplir une période d'instruction de   jours l'an prochain. Il recevra, en temps opportun, un ordre d'appel.

S'il a l'intention de solliciter, pour sa famille, les allocations prévues en faveur des soutiens indispensables de famille (allocations qui ne peuvent être accordées que par les Conseils départementaux et seulement dans la proportion de 12 p. 100 du nombre d'hommes des réserves convoqués), il devra remettre au maire de sa résidence, **avant le 15 décembre** de la présente année, une demande accompagnée d'un relevé des contributions payées par la famille et certifié par le percepteur et à laquelle devra être jointe la présente feuille.

Sur la déclaration du pétitionnaire, le maire dressera l'état modèle A indiquant le nombre et la position des membres de la famille vivant sous le même toit ou séparément, les revenus et ressources de chacun d'eux. Le maire doit envoyer le dossier complet au préfet **avant le 31 décembre.**

Timbre du bureau de recrutement.

Partie réservée
à l'adresse du chef de corps (1).

Affranchir la présente feuille si elle n'est pas remise à la gendarmerie.

A M.

à

(1) Directeur du service de l'intendance du gouvernement militaire ou du corps d'armée pour les sections de commis et ouvriers militaires d'administration.

Directeur du service de santé du gouvernement militaire ou du corps d'armée pour les sections d'infirmiers militaires.

Gouverneur militaire ou général commandant le corps d'armée pour les sections de secrétaires d'état-major et du recrutement.

NOTA. — Dès la réception de la carte postale-avis, le destinataire détachera la présente feuille.

Après y avoir porté les indications nécessaires et l'adresse du chef de corps, il l'enverra directement, à ce chef de corps, par la poste en l'affranchissant, ou bien la remettra, sans l'affranchir, à la gendarmerie qui la fera parvenir à destination.

Nom (1) : ....

Prénoms (1) : ....

Gouvernement militaire ou corps d'armée (1) : ....

N° au répertoire du corps (1) , ...

Corps d'affectation **et** garnison (1) : ....

....

....

Profession (2) : ....

....

Epoque qui convient le mieux à l'intéressé pour l'accomplissement de sa période d'exercices (2) :

....

....

---

(1) A remplir par le Commandant du bureau de recrutement.

(2) A remplir par l'intéressé. *Il sera tenu compte, dans la mesure du possible,* des préférences exprimées sur l'époque de l'accomplissement de la période.

Modèle T
modifié par circulaire
du 15 septembre 1912.

BULLETIN D'ARRIVÉE.

Le (1) commandant le (2)
certifie que le (3)
dont la famille habite la commune d (4)
canton d département d
convoqué pour une période d'instruction de
jours et figurant sur la liste des soutiens de famille établie par le conseil départemental, est arrivé aujourd'hui au corps.

Le présent bulletin doit, *le jour même de sa réception,* être remis par le Maire à la personne désignée pour recevoir l'allocation journalière, en même temps que le certificat que le préfet a déjà envoyé au Maire.

L'allocation ne pourra être perçue que sur la présentation de ces deux pièces au percepteur, à qui elles seront remises.

A , le 19 .

Le (1)

(1) Grade du chef de corps ou de détachement.

(2) Désignation du corps ou du détachement (pour le régiment territorial, le corps actif correspondant).

(3) Grade, nom et prénoms du soutien de famille.

(4) Pour les communes importantes, indiquer la rue et le numéro. Désigner, le cas échéant, la section, hameau ou écart où réside l'appelé.

• LÉGION. — COMPAGNIE d — ARRONDISSEMENT d — BRIGADE d —

N° de la brigade : du 19 .

Procès-verbal constatant une enquête sur la situation de famille du , classe , en vue de l'obtention de l'allocation journalière pour soutien de famille.

—

• expédition.

Armée active.

MODÈLE U.

—

Article 292 du décret du 20 mai 1903, modifié par circulaire du 15 septembre 1912.

GENDARMERIE NATIONALE

Cejourd'hui mil neuf cent à heure du

Nous, soussigné gendarme à , à la résidence de , département d revêtu de notre uniforme et conformément aux ordres de nos chefs, agissant en vertu d'une demande de renseignements de M. le Préfet de , en date du , avons recueilli les renseignements suivants sur la situation de famille du , de la classe de ; n° matricule , du recrutement de , demeurant à

1° Situation des père et mère.

A. — PÈRE.

Nom, prénoms.
Age.
Profession; que rapporte-t-elle?
Etat de santé (mentionner ici les infirmités, le cas échéant).
Conduite et moralité (renseignements recueillis près des autorités locales).

B. — MÈRE.

Nom, prénoms.
Age.
Profession; que rapporte-t-elle?
Etat de santé (mentionner ici les infirmités, le cas échéant).
Conduite et moralité (renseignements recueillis près des autorités locales).

Situation de fortune.

Charges de famille.

Reçoivent-ils l'allocation des vieillards?

NOTA. — Ce procès-verbal d'enquête doit être établi sur feuille double formant chemise.

2° Situation des enfants.

Indiquer pour chacun :	
Prénoms et âge. Profession; que rapporte-t-elle? Dans quelle mesure vient-il en aide à sa famille? Vit-il chez ses parents, chez autrui, ou forme-t-il un ménage distinct? Infirmités, le cas échéant. Conduite et moralité.	1° L'appelé (s'il est marié, répondre au paragraphe 3). 2° 3° 4° 5° 6° 7°

3° Situation de l'appelé marié.

Mari.	Nom, prénoms, âge. Profession ; que rapporte-t-elle? Conduite et moralité.	
Femme.	Nom, prénoms, âge. Profession ; que rapporte-t-elle? Conduite et moralité.	
	Situation de fortune.	
	Viennent-ils en aide à leurs parents. Dans quelle mesure?	
	Enfants.	

4° Famille.

En faveur de qui l'allocation est-elle demandée?	
Situation de fortune.	
Mentionner si les grands-parents reçoivent l'allocation des vieillards.	
Autres charges de famille que celles déjà indiquées.	

En foi de quoi, nous avons rédigé le présent procès-verbal en deux expéditions : la première destinée à M. le Préfet de ; la deuxième à nos chefs, conformément à l'article 298 du décret du 20 mai 1903.

Fait et clos à , les jour, mois et an ci-dessus.

Vu et transmis par le , commandant , au

n°

Le 19

• LÉGION.

—

COMPAGNIE

d

—

ARRONDISSEMENT

d

—

BRIGADE

d

—

N° de la brigade :
du 19 .

Procès-verbal constatant une enquête sur la situation de famille du , classe , en vue de l'obtention de l'allocation journalière pour soutien de famille.

—

• expédition.

Réserve et armée territoriale.

MODÈLE U-1.

—

Article 292 du décret du 20 mai 1903.

GENDARMERIE NATIONALE

Cejourd'hui mil neuf cent à heure du

Nous, soussigné gendarme à , à la résidence de , département d , revêtu de notre uniforme et conformément aux ordres de nos chefs, agissant en vertu d'une demande de renseignements de M. le Préfet de , en date du , avons recueilli les renseignements suivants sur la situation de famille du , de la classe de , n° matricule , du recrutement de , demeurant à

1° Le réclamant.

Nom, prénoms.
Age.
Profession; que rapporte-t-elle?
Etat de santé (mentionner les infirmités, le cas échéant).
Est-il célibataire, marié ou veuf?
Vit-il chez ses parents, chez autrui ou a-t-il un domicile personnel?
Conduite et moralité (renseignements recueillis près des autorités locales).
Situation de fortune.

2° La femme.

Nom, prénoms.
Age.
Profession; que lui rapporte-t-elle?
Etat de santé (mentionner les infirmités, le cas échéant).
Conduite et moralité.

NOTA. — Ce procès-verbal d'enquête doit être établi sur feuille double formant chemise.

3° Enfants.

Indiquer pour chacun :	1°
Prénoms.	2°
Age.	3°
Gain (pour ceux en âge de travailler).	4°
	5°

Nombre d'enfants au-dessous de 16 ans à la charge de l'appelé.

4° Famille.

En faveur de qui l'allocation est-elle demandée ?
Situation de fortune.
Charges.
(Mentionner ici si les parents ou grands-parents reçoivent l'allocation des vieillards, s'ils sont aidés par d'autres membres de la famille.)

En foi de quoi, nous avons rédigé le présent procès-verbal en deux expéditions : la première destinée à M. le Préfet de ; la deuxième à nos chefs, conformément à l'article 298 du décret du 20 mai 1903.

Fait et clos à , les jour, mois et an ci-dessus.

Vu et transmis par le , commandant l , au n° 3

Le 19

Recto.

Modèle V
de l'instruction du
16 janvier 1911
(soutiens de famille)
et circulaire
du 21 décembre 1911.

Format carte postale.

NOTICE

concernant une convocation exceptionnelle.

à coller
à l'ordre
d'appel.

Nom (1)

Prénom (1)

Classe (1)

Numéro au registre matricule (1)

Numéro au contrôle spécial (1)

est convoqué pour accomplir une période d'exercices de (1) jours

dans le (1)

à compter du (1)

(1) A remplir par le commandant du bureau de recrutement

Verso.

Si le destinataire du présent ordre d'appel a l'intention de solliciter, pour sa famille, les allocations prévues en faveur des soutiens de famille (allocations qui ne peuvent être accordées que dans la proportion de 12 p. 100 du nombre total d'hommes des réserves convoqués) il devra remettre **d'urgence**, au maire de sa résidence, une demande accompagnée d'un relevé des contributions payées par la famille et certifié par le percepteur et à laquelle devra être jointe la présente notice. Le Maire enverra le dossier complet au Préfet **dans le plus bref délai possible.**

Décret relatif aux allocations, pendant la durée de la guerre, d'indemnités aux familles des militaires appelés ou rappelés sous les drapeaux.

Paris, le 2 août 1914.

RAPPORT AU PRÉSIDENT DE LA RÉPUBLIQUE FRANÇAISE.

Monsieur le Président,

Il nous a paru indispensable d'accorder à partir du 1er jour de la mobilisation des allocations aux familles nécessiteuses privées de leur soutien par suite de leur présence ou de leur appel sous les drapeaux et de fixer uniformément ces allocations sur les bases les plus larges actuellement en vigueur, c'est-à-dire sur celles déterminées par l'article 12 de la loi du 7 août 1913.

Si vous approuvez cette manière de voir, nous avons l'honneur de vous demander de vouloir bien revêtir de votre signature le projet de décret ci-joint.

Veuillez agréer, Monsieur le Président, l'hommage de notre respectueux dévouement.

Le Ministre de la guerre,
MESSIMY.

Le Ministre de la marine,
GAUTHIER.

Le Ministre de l'intérieur,
MALVY.

Le Ministre des finances,
J. NOULENS.

Le Président de la République française,

Sur le rapport des Ministres de la guerre, de la marine, de l'intérieur et des finances,

Vu la loi du 21 mars 1905, relative au recrutement de l'armée;

Vu la loi du 7 août 1913, modifiant les cadres de l'infanterie, de la cavalerie, de l'artillerie et du génie, en ce qui concerne l'effectif des unités et fixant les conditions du recrutement de l'armée active et la durée du service dans l'armée active et ses réserves,

Décrète :

ART. 1er. Par extension des dispositions des lois du 21 mars 1905 et du 7 août 1913, les familles des militaires de l'armée active, classés comme soutiens de famille, percevront, sur le vu de leur livret de paiement et pendant toute la durée de la guerre, les allocations prévues par la loi du 7 août 1913, quelle que soit la classe à laquelle ils appartiennent et quel que soit leur sort.

Les familles des militaires de l'armée active appartenant à des classes antérieures à la classe 1913, qui demanderont à bénéficier des dispositions de l'article 12 de la loi du 7 août 1913 relatives aux majorations pour enfants à leur charge autres que ceux issus du militaire, adresseront à cet effet des demandes spéciales qui seront examinées et sur lesquelles il sera statué conformément aux prescriptions de l'article 3 ci-après.

Art. 2. Les familles des militaires rappelés sous les drapeaux, qui demandent le bénéfice des mêmes allocations, adressent au maire de leur résidence une demande à cet effet.

Art. 3. Dans chaque canton, le préfet constitue une ou plusieurs commissions de trois membres chargées de statuer d'urgence sur les demandes d'allocations qui seront transmises, par les maires, au président de la commission désignée par le préfet.

Les décisions des commissions cantonales sont immédiatement exécutoires mais sont susceptibles d'appel, tant par le demandeur que par le sous-préfet, devant une commission de 5 membres désignés par le préfet et siégeant au chef-lieu d'arrondissement.

Art. 4. Un arrêté ministériel contresigné par les Ministres de l'intérieur et de la guerre déterminera les conditions d'application du présent décret à la ville de Paris.

Art. 5. Le Ministre de l'intérieur, le Ministre de la guerre, le Ministre de la marine et le Ministre des finances sont chargés, chacun en ce qui le concerne, de l'exécution du présent décret qui sera inséré au *Bulletin des lois*.

Fait à Paris, le 2 août 1914.

R. POINCARÉ.

Par le Président de la République :

Le Ministre de la guerre,
MESSIMY.

Le Ministre de la marine,
GAUTHIER.

Le Ministre de l'intérieur,
MALVY.

Le Ministre des finances,
J. NOULENS.

ANNEXE.

Notification d'une circulaire du Ministre des colonies aux gouverneurs des colonies, relative aux allocations journalières de soutiens de famille accordées aux militaires recensés et incorporés aux colonies.

Paris, le 13 décembre 1909.

Le Ministre des colonies à MM. les Gouverneurs généraux et Gouverneurs des colonies et à l'Administrateur de Saint-Pierre et Miquelon.

L'article 22 de la loi du 21 mars 1905 sur le recrutement de l'armée a stipulé :

« Les familles des jeunes gens qui remplissaient effectivement, avant leur départ pour le service, les devoirs de soutien de famille pourront recevoir, sur leur demande, en temps de paix, une allocation journalière de 0 fr. 75 fournie par l'Etat, pendant la présence de ces jeunes gens sous les drapeaux. »

D'autre part, l'article 1er de la loi du 14 avril 1908, modifiant les articles 41 et 64 de la loi du 21 mars 1905, s'exprime ainsi :

« Les familles des hommes de la réserve et de l'armée territoriale qui, au moment de leur convocation, remplissent effectivement les devoirs de soutien indispensable de famille, peuvent recevoir une allocation journalière, fournie par l'Etat, pendant la durée de la période. »

Ces deux articles fixent, en outre, le taux de l'allocation, le pour-cent du contingent à qui elle pourra être accordée et la façon dont seront établies et instruites les demandes.

L'application aux colonies de ces dispositions pouvant entraîner des difficultés ou des divergences d'interprétation, j'ai décidé, après entente avec M. le Ministre de la guerre, qu'il y aurait lieu de se conformer aux prescriptions suivantes :

Les demandes d'allocation journalière, formulées par les familles nécessiteuses, seront instruites en suivant les règles fixées par les articles précités.

Pour les familles résidant en France, la demande sera adressée, avec les pièces à l'appui, au maire de la commune ; celui-ci enverra le dossier au préfet, qui le transmettra au gouverneur de la colonie où est stationné le corps de troupe du jeune soldat ou de l'homme convoqué pour une période.

Pour les familles résidant aux colonies, la demande sera adressée au gouverneur, qui prendra l'avis des municipalités ou des autorités administratives.

Tous les dossiers seront présentés au conseil départemental prévu à l'article 22 de la loi du 21 mars 1905 et appelé, aux colonies, conseil territorial.

Les allocations seront accordées par le conseil territorial dans la proportion fixée par les lois en question.

Les dépenses occasionnées par le payement de ces allocations seront supportées par le budget colonial et imputées à l'article « Service commun et réserves » du chapitre « Loyer, ameublements et services divers », pour l'exercice 1910.

Je vous serai obligé de vouloir bien donner à ces prescriptions la plus grande publicité possible. Il y aura lieu, en outre, de les insérer dans les arrêtés locaux réglementant, dans chaque colonie, l'application de la loi du 21 mars 1905.

TROUILLOT.

Circulaire relative à l'application de l'instruction du 16 janvier 1911, réglant le mode d'attribution des allocations journalières aux familles des militaires désignés comme soutiens de famille.

(Direction de l'Infanterie; Bureau du Recrutement.)

Paris, le 29 janvier 1912.

L'article 10, paragraphe *d*) de l'instruction du 16 janvier 1911 est ainsi conçu :

« Le payement de l'allocation, au moyen du livret modèle H, est suspendu à dater du jour où l'avis de radiation est parvenu au comptable (trésorier-payeur général, receveur des finances ou percepteur) sur la caisse duquel l'allocation est assignée payable.

« Les sommes pouvant être acquises aux titulaires de livrets pour la période antérieure feront l'objet de mandats individuels décomptés jusqu'au jour inclus de la mutation. »

Il a été constaté, par la Cour des comptes et par les fonctionnaires du contrôle, que la règle ci-dessus n'a pas toujours été appliquée et que certains sous-intendants militaires ont établi des mandats individuels décomptés jusqu'au jour où l'avis de mutation est parvenu au comptable.

Il convient d'éviter le retour de semblables erreurs, qui ont provoqué les payements pour des sommes supérieures à celles qui étaient dues, et de se conformer à l'avenir aux prescriptions ci-après, qui ne sont d'ailleurs que la stricte application de l'article 10, paragraphe *d*) ci-dessus, savoir :

Lorsqu'une mutation se produit parmi les soutiens de famille, le comptable du Trésor ne peut en tenir compte qu'à partir du jour où il en a été informé.

En conséquence, si, après la mutation, mais avant d'en avoir reçu l'avis, le comptable a payé une quittance extraite du livret modèle H, le payement effectué sera maintenu, conformément au principe posé par l'article 15 de l'instruction.

Par contre, dès que l'agent du Trésor est avisé de la mutation, il doit suspendre tout payement sur quittance extraite du livret; c'est alors par mandat direct du sous-intendant militaire que la somme doit être payée; ce mandat doit être établi jusqu'au jour inclus de la mutation, conformément aux prescriptions nettement stipulées par l'article 10, paragraphe *d*), de l'instruction.

Décret portant règlement d'administration publique pour l'application de la loi du 7 août 1913, en ce qui concerne les allocations pour soutiens de famille.

Paris, le 9 août 1913.

RAPPORT AU PRÉSIDENT DE LA RÉPUBLIQUE FRANÇAISE.

Monsieur le Président,

La loi du 7 août 1913, modifiant la loi des cadres de l'infanterie, de la cavalerie, de l'artillerie et du génie, en ce qui concerne l'effectif des unités et fixant les conditions du recrutement de l'armée active et la durée du service dans l'armée active et ses réserves, dispose, dans son article 12, qu'un règlement d'administration publique déterminera les conditions d'application et de procédure des articles 12 et 50 de ladite loi qui concernent les allocations pour soutien de famille aux militaires de l'armée active, ainsi qu'aux réservistes et territoriaux pendant l'accomplissement de leurs périodes d'instruction.

Ces conditions d'application et la procédure à employer pour l'attribution des allocations pour soutien de famille font l'objet du projet de décret ci-joint, élaboré de concert entre les Départements de la guerre, de la marine, de la justice, des affaires étrangères, de l'intérieur et des finances, et qui a été délibéré et adopté par le Conseil d'Etat.

Si vous en adoptez les dispositions, nous avons l'honneur de vous demander de vouloir bien le revêtir de votre signature.

Veuillez agréer, Monsieur le Président, l'hommage de notre respectueux dévouement.

Le Ministre de la guerre,
Eug. ETIENNE.

Le Ministre de la marine,
Pierre BAUDIN.

Le Garde des sceaux, Ministre de la justice,
Antony RATIER.

Le Ministre des affaires étrangères,
S. PICHON.

Le Ministre de l'intérieur,
L.-L. KLOTZ.

Le Ministre des finances,
Ch. DUMONT.

DÉCRET.

Le Président de la République française,

Sur le rapport des Ministres de la guerre, de la marine, de la justice, des affaires étrangères, de l'intérieur et des finances,

Vu la loi du 7 août 1913, notamment les articles 12 et 50 ainsi conçus :

Art. 12. L'article 22 de la loi du 21 mars 1905 est ainsi modifié :

« Les familles des militaires de l'armée de terre et de l'armée de mer remplissant effectivement avant leur départ pour le service les devoirs de soutiens indispensables de famille auront droit, sur leur demande, en temps de paix, à une allocation journalière fournie par l'Etat, pendant la présence de ces jeunes gens sous les drapeaux.

« Cette allocation est fixée par jour à 1 fr. 25. Elle sera majorée de 50 centimes pour chacun des enfants âgés de moins de 16 ans à la charge du soutien de famille.

« La même allocation sera due aux familles des militaires qui, pendant leur présence sous les drapeaux, justifieront de leur qualité de soutiens indispensables de famille.

« Les demandes sont adressées par les familles au maire de la commune de leur domicile. Il en sera donné récépissé. Elles doivent comprendre à l'appui :

« 1° Le relevé des contributions payées par la famille et certifié par le percepteur;

« 2° Un état certifié par le maire de la commune et indiquant le nombre et la position des membres de la famille vivant sous le même toit ou séparément, les revenus et ressources de chacun d'eux.

« Le conseil municipal émet sur chaque demande un avis motivé.

« Le dossier ainsi constitué est transmis au préfet qui, dans le mois, provoque une enquête de la gendarmerie sur la situation matérielle de la famille et émet un avis motivé.

« Le dossier ainsi complété reste déposé à la mairie pendant quinze jours. Acte de ce dépôt est notifié au demandeur. Celui-ci peut en prendre connaissance et présenter par écrit ses observations.

« A l'expiration de ce délai de quinzaine, le maire transmet le dossier à un conseil composé du juge de paix, président, du contrôleur des contributions directes et du receveur de l'enregistrement.

« Ce conseil statue sur la demande d'allocation.

« Sa décision doit être motivée; elle est rendue en séance publique et notifiée dans la huitaine par le greffier, tant au demandeur qu'au préfet du département.

« Dans le mois de cette notification, appel peut être interjeté, tant par le demandeur que par le préfet du département.

« Cet appel est motivé.

« Il est porté devant le tribunal civil de l'arrondissement, qui statue en chambre du conseil, sur pièces et sans frais, l'intimé ayant été appelé à fournir une réponse écrite aux motifs invoqués dans l'acte d'appel qui lui aura été notifié.

« Lorsqu'il s'agira de familles résidant à l'étranger et remplissant les conditions du présent article, les demandes d'allocation seront adressées au consul de la ville de leur résidence, qui les instruira et statuera, par des décisions motivées, communiquées aux intéressés et au Ministre des affaires étrangères.

« Un règlement d'administration publique déterminera les conditions d'application et de procédure du présent article. »

Art. 50. « L'article 12 de la présente loi est applicable aux réservistes et aux territoriaux et à leur famille pendant l'accomplissement de leurs périodes d'instruction.

« Toute disposition contraire est abrogée »;

Vu la loi du 8 août 1913 concernant les engagements et rengagements dans l'armée de mer et portant modification à la loi du 24 décembre 1896 sur l'inscription maritime, notamment l'article 11 ainsi conçu : « Les familles des marins remplissant effectivement les devoirs de soutiens indispensables de famille reçoivent les mêmes allocations que celles qui sont attribuées aux familles des militaires reconnus soutiens indispensables de famille.

« Les inscrits maritimes placés dans la réserve de l'armée de mer sont rangés par classe, ceux qui se trouvent en excédent aux besoins de l'armée de mer sont, quelle que soit leur classe ou leur spécialité, versés dans l'armée de terre. Ils sont soumis dans cette armée aux mêmes obligations que leur classe de mobilisation.

« La loi du 22 juillet 1886 et la partie de la loi du 15 juillet 1889 maintenue en vigueur pour l'armée de mer par l'article 101 de la loi du 21 mars 1905 sont abrogées.

« Il en est de même des articles 30, 32, 33, 35, 62, de la loi du 24 décembre 1896 et des dispositions de cette dernière loi qui sont contraires à celles contenues dans la présente loi »;

Le Conseil d'Etat entendu,

Décrète :

Art. 1er. Les familles qui désirent bénéficier des dispositions de l'article 22 de la loi du 21 mars 1905, modifié par l'article 12 de la loi du 7 août 1913 adressent au maire de la commune de leur domicile une demande accompagnée des pièces prévues par la loi. Il en est délivré récépissé.

Le pétitionnaire mentionne dans la demande la commune ou les communes où des membres de la famille payent des contributions. Il y ajoute la déclaration expresse que ni lui, ni aucun membre de la famille n'est inscrit au rôle des contributions dans aucune autre commune.

La déclaration que les familles doivent produire et faire certifier par le maire, en vertu des dispositions législatives précitées, fait ressortir distinctement les secours, pensions ou allocations de quelque nature que ce soit, que reçoivent des membres de la famille.

Les demandes d'allocation doivent être présentées chaque année avant le 30 avril.

Le maire en dresse la liste et les soumet au conseil municipal qui, dans sa plus prochaine session, donne son avis motivé sur chacune des demandes.

Les demandes présentées après le 30 avril, ainsi que celles qui sont visées à l'article 2 ci-après, font l'objet de listes trimestrielles; ces listes sont également soumises au conseil municipal dans la plus prochaine session ordinaire.

Dans les communes dépendant de plusieurs circonscriptions de justice de paix, il est établi une liste distincte pour chaque circonscription.

La transmission des demandes au préfet, prévue par les dispositions législatives précitées, est faite immédiatement après la délibération du conseil municipal.

A Paris, les demandes sont adressées au maire de l'arrondissement du domicile du pétitionnaire pour être ensuite transmises, avec l'avis du maire, au préfet de la Seine qui en dresse la liste et les soumet au conseil municipal conformément aux dispositions ci-dessus.

En ce qui concerne les militaires de l'armée de mer provenant de l'inscription maritime, les demandes doivent être déposées à la mairie six mois au moins avant la date de l'incorporation.

Art. 2. Les demandes présentées après l'incorporation doivent être accompagnées, en outre des pièces visées à l'article précédent, de l'état signalétique et des services du militaire : cet état est délivré par le chef de corps à la requête du pétitionnaire.

Art. 3. Le pétitionnaire doit fournir toutes les justifications de nature à établir que l'appelé ou le militaire remplit effectivement les devoirs de soutien indispensable de famille.

En ce qui concerne les demandes de majoration à raison d'enfants âgés de moins de 16 ans, le pétitionnaire doit justifier que ces enfants sont individuellement et effectivement à la charge du militaire soutien de famille.

Les conseils municipaux peuvent, s'ils le jugent utile, demander qu'il soit procédé d'urgence, par les soins de la municipalité, à un complément d'information sur la situation de la famille.

Art. 4. Les dossiers complets des demandes d'allocation, retournés à la mairie, après l'enquête ordonnée par le préfet, sont, à l'expiration du délai de dépôt de quinze jours fixé par la loi, transmis par le maire au juge de paix du canton. Il en est accusé réception.

Le conseil, chargé, en vertu de l'article 22 de la loi du 21 mars 1905, modifié par l'article 12 de la loi du 7 août 1913, de statuer sur les demandes, siège au chef-lieu de la justice de paix.

Les dates de réunion de ce conseil sont fixées par un arrêté préfectoral publié dans toutes les communes du canton et inséré au Recueil des actes administratifs.

Le conseil ne peut délibérer valablement que si tous ses membres sont présents. En cas d'absence ou d'empêchement, le titulaire est remplacé par celui qui est appelé à le suppléer en conformité des lois et règlements.

Les décisions du conseil font connaître, s'il y a lieu, les noms, prénoms et dates de naissance des enfants qui donnent droit à la majoration comme étant individuellement et effectivement à la charge du militaire.

Ces décisions indiquent si elles ont été rendues à l'unanimité ou à la majorité; elles sont transcrites sur un registre spécial tenu par ordre chronologique et signé à la fin de chaque séance par les membres du conseil. Ce registre reste déposé au greffe de la justice de paix.

Le greffier fait opérer la notification des décisions du conseil par la voie administrative.

Pendant la durée du délai d'appel, le préfet, d'une part, et les demandeurs, d'autre part, peuvent prendre connaissance sans déplacement de toutes les pièces du dossier.

Art. 5. L'appel est porté par requête directe des parties devant le tribunal civil de l'arrondissement et doit être accompagné de la décision du conseil qui leur a été notifiée ou d'une copie certifiée conforme. Le greffier du tribunal accuse réception de la requête ou en délivre récépissé. Il en est fait mention sur un registre spécial à la date de l'arrivée de la requête.

Dans les cinq jours qui suivent, une copie de l'acte d'appel est notifiée administrativement, par les soins du ministère public, à la partie adverse. Sur la demande du procureur de la République, le dossier est transmis sans délai au greffe du tribunal où les parties peuvent en prendre connaissance.

Lorsque l'appel émane du préfet, l'intéressé, en même temps qu'il en reçoit notification, est avisé que sa réponse écrite doit parvenir au greffe dans un délai de huit jours, à l'expiration duquel il sera passé outre.

Les décisions du tribunal sont lues en audience publique; elles sont transcrites sur un registre spécial tenu par ordre chronologique.

Dans la huitaine, le greffier notifie aux parties un extrait de la décision qui les concerne.

Art. 6. Le droit aux allocations est ouvert :

Pour les demandes remises avant l'incorporation, du jour de cette incorporation;

Pour les demandes formées postérieurement à l'incorporation, du jour du dépôt à la mairie, constaté par récépissé.

Art. 7. Les demandes formées par les familles résidant à l'étranger en vue de faire reconnaître comme soutien indispensable un de leurs membres appelé sous les drapeaux sont transmises ou remises au consul général, consul ou vice-consul dans la circonscription duquel elles résident.

Ces agents réclament des familles toutes les justifications nécessaires; ils peuvent aussi s'adresser directement aux préfets des départements d'origine des familles, afin d'obtenir tous les renseignements leur permettant de statuer en pleine connaissance de cause.

Le Ministre des affaires étrangères qui, conformément à la loi, a reçu communication des décisions, les transmet au Ministre de la guerre, ainsi qu'au préfet du département où le militaire a été porté sur les tableaux de recensement.

Art. 8. Si, par suite de circonstances nouvelles, les familles ne se trouvent plus dans la situation qui avait ouvert en leur faveur le droit aux allocations et majorations, le maire, d'office ou sur l'invitation du préfet, saisit le conseil municipal de propositions de suppression des allocations, de réduction ou de suppression des majorations.

A Paris, le conseil municipal est saisi par le préfet de la Seine, après avis du maire de l'arrondissement où est domicilié le pétitionnaire.

Lorsque le conseil municipal a formulé son avis sur ces propositions, ou que, mis en demeure par le préfet, il n'a pas formulé d'avis dans le délai imparti par la mise en demeure, il est procédé à l'instruction des propositions dans les formes prévues aux articles 4 et 5 ci-dessus, et la décision est rendue par le conseil mentionné à l'article 4, sauf appel devant le tribunal civil

A l'égard des familles résidant à l'étranger, le consul général, consul ou vice-consul, s'il est informé que la situation de la famille s'est modifiée, procède à une enquête et, s'il y a lieu, prononce par décision motivée la suppression des allocations, la réduction ou la suppression des majorations.

Cette décision est notifiée aux intéressés et fait l'objet des communications prévues au dernier paragraphe de l'article 7 ci-dessus.

L'initiative de la procédure d'enquête peut être prise par le préfet du département d'origine du militaire ou de sa famille.

Les majorations accordées pour des enfants à la charge du soutien de famille cessent de plein droit en cas de décès de l'enfant ou dès qu'il a atteint l'âge de 16 ans.

Dans les autres cas prévus par le présent article, le droit aux allocations et majorations cesse pour les bénéficiaires à dater de la notification qui leur est faite de la décision de retraite et au plus tard quinze jours après la date de cette décision.

Art. 9. Dans le courant du mois de novembre, l'autorité militaire adresse aux réservistes et territoriaux à convoquer l'année suivante un avis conforme au modèle arrêté par le Ministre, les informant qu'ils auront à accomplir une période d'instruction.

A la réception de cet avis, les réservistes et territoriaux qui se trouvent dans les conditions requises pour procurer à leur famille le bénéfice de l'allocation journalière adressent leur demande au maire de la commune de leur résidence. Cette demande doit être remise au maire avant le 15 décembre.

Ils y joignent, outre les pièces prévues par la loi, l'avis ci-dessus mentionné, sur lequel ils indiquent le nom de la personne désignée par eux pour recevoir le montant de l'allocation.

Les demandes sont instruites et il y est statué dans les conditions prévues pour les demandes concernant les hommes de l'armée active. Toutefois, les conseils municipaux peuvent être convoqués en session extraordinaire pour émettre leur avis sur lesdites demandes.

A Paris, les demandes d'allocations adressées au maire de l'arrondissement sont transmises par lui, avec son avis, au préfet de la Seine qui procède à leur instruction.

Les demandes formées dans l'intérêt de familles résidant à l'étranger sont soumises aux dispositions de l'article 7 du présent décret.

DISPOSITIONS TRANSITOIRES.

Art. 10. Les demandes d'allocations concernant les familles des militaires de la classe 1913 devront être déposées aux mairies dans les quinze jours de la publication des tableaux de recensement de cette classe.

Le maire en dressera la liste et les soumettra d'urgence au conseil municipal.

A Paris, les demandes déposées dans les mairies seront transmises par le maire, avec son avis, au préfet de la Seine qui en dressera la liste et les soumettra d'urgence au conseil municipal.

Art. 11. Les Ministres de la guerre, de la marine, de la justice, des affaires étrangères, de l'intérieur et des finances sont chargés, chacun en ce qui le concerne, de l'exécution du présent décret, qui sera inséré au *Bulletin des lois* et publié au *Journal officiel* de la République française.

Fait à Paris, le 9 août 1913.

R. POINCARÉ.

Par le Président de la République :

Le Ministre de la guerre,
Eug. ETIENNE.

Le Ministre de la marine,
Pierre BAUDIN.

Le Garde des sceaux, Ministre de la justice,
Antony RATIER.

Le Ministre des affaires étrangères,
S. PICHON.

Le Ministre de l'intérieur,
L.-L. KLOTZ.

Le Ministre des finances,
Ch. DUMONT.

Circulaire interprétative de l'article 12 de la loi du 7 août 1913 sur le recrutement de l'armée.

Paris, le 26 novembre 1913.

La question a été posée de savoir quelle suite il convient de donner aux demandes de désignation comme soutiens indispensables de famille concernant les engagés volontaires.

Les jeunes gens qui contractent un engagement se dégagent, volontairement, par la souscription de cet acte, des devoirs de soutien qui peuvent leur incomber à l'égard de leurs familles.

En conséquence, les militaires, liés au service comme engagés volontaires, ne sauraient être considérés comme soutiens indispensables de famille au sens de l'article 22 de la loi du 21 mars 1905, modifié par la loi du 7 août 1913, et les allocations journalières et les majorations restent exclusivement réservées aux familles des militaires servant comme appelés.

Circulaire modifiant la circulaire interprétative de l'article 12 de la loi du 7 août 1913 sur le recrutement de l'armée.

Paris, le 26 janvier 1914.

Par modification à la circulaire n° 134 du 26 novembre 1913, les jeunes gens de la classe de 1912, qui ont contracté, du 1er janvier au 30 septembre 1913, un engagement volontaire pour trois ans, au titre des régiments de cavalerie et des batteries d'artillerie à cheval, pourront être désignés comme soutiens indispensables de famille, si, toutefois, cette qualité leur est reconnue.

Les dossiers concernant ces engagés volontaires seront instruits conformément aux dispositions de l'instruction du 16 janvier 1911 et soumis, sans retard, à l'examen du conseil départemental.

Les familles de ces jeunes gens qui seront désignés comme soutiens indispensables de famille recevront l'allocation au taux de 0 fr. 75 et la majoration à celui de 0 fr. 25.

TABLE DES MATIÈRES

CONTENUES DANS L'INSTRUCTION.

Iʳᵉ PARTIE. — Armée active.

IIᵉ PARTIE. — Réserve et armée territoriale.

MODÈLES.

TABLE CHRONOLOGIQUE

TABLE ALPHABÉTIQUE

— CHARLES-LAVAUZELLE ET Cie. — PARIS, LIMOGES, NANCY. —

BIBLIOTHEQUE NATIONALE DE FRANCE
3 7502 01845599 0